천황제와 일본 개신교

천황제와

일본 개신교

김산덕 지음

새물결플러스

차례

서론

본서는 "일본 천황제의 본질과 개신교의 관계"를 다룬다. 이 주제는 일본 개신교 교회가 처음부터 샅바를 붙잡고 사투해야 했던 과제였으며, 지금도 여전히 진행되고 있는 고약한 고질병이다. 왜냐하면 "천황제"라는 민족적·종교적 이데올로기가 일본인들의 삶 속에 지울 수 없을 정도로 깊숙이 자리를 차지하고 있기 때문이다. 이 "천황제 이데올로기"는 일본의 정치, 경제, 사회, 문화, 종교 등의 모든 부분에 깊이 각인되어 있어서 마치 DNA처럼 일본을 움직이는 원동력과도 같은 것이다.

아베 신조(安倍晉三)는 일본을 다시 한번 "천황제 이데올로기"에 최적화된 나라로 만들기 위해 혼신의 힘을 쏟고 있다. 아베 내각 아래서 현대판 천황제 중심의 군국적 팽창주의는 효과적으로 자리를 굳혀가고 있다. 그리고 그들은 "대동아공영권"이라는 지난날의 야욕을 다시 꿈꾸고 있다. 대동아공영권을 통해 서구 열강 세력과 그들의 간섭을 몰아내고 아시아를 재편성함으로써 일본 중심의 통합 영역을 만들어 아시아의 패권을 장악하겠다는 20세기 초두의 쇼와 파시즘적 군국주의 체질이 21세기에도 그대로 유지되고 있는 것이다.

못내 아쉽게도 이루지 못한 과거의 욕망을 다시 이루려는 일본의 몸부림은 부단하다. 일본은 자신이 몸부림을 치면 칠수록 이웃 나라들이 더욱 힘들어한다는 사실에는 전혀 관심이 없다. 그들의 이기적인 횡포는 법제화를 통해 더욱 구체화된다. 예를 들면 아베와 그 일파는 아시아에서 군국주의적 패권을 장악하기 위해 헌법 수정에 온갖 힘을 동원하고 있다. 그들은 국제 테러 사태와 북한 핵 미사일 사건 등을 극도로 각색하여 자국민들을 불안의 도가니로 몰아넣는다. 그렇게 함으로써 헌법 개정의 타당성을 국민들에게 강하게 세뇌시키고 있다. 실제로 그들은 군국화를 위한 입법적 절차에 착수하는 데 있어 수단과 방법을 가리지 않는다.

차차 알아가겠지만, 아베 정권은 이런 천황 중심의 군국화에 국민들이 정신적으로 일치하여 긍정하도록 법률을 정비했다. 무엇보다도 정신교육을 위해 국민의 애국심을 고양시키려고 "국기국가법"(1999. 8. 9.), "교육기본법"(2006. 12. 12.) 등을 개정하여 국민을 국가중심주의로 세뇌시키고 "방위성승격법"(2006년)을 성립시킴으로써 군국주의 야욕을 스스럼없이 드러냈다. 이런 일련의 사건들은 아베 정권이 일본을 현대판 천황제 파시즘으로 강하게 몰아가고 있다는 증거다.

이와 같이 일본 군국주의를 전체적으로 포장하고 일본 국민 전체를 하나로 묶어내기 위한 가장 강력한 무기는 바로 "야스쿠니 신사 참배"다. 이웃 국가들의 거센 반대에도 불구하고 천황(나라)을 위해 싸우다 죽은 전몰장병들의 영을 모신다는 야스쿠니 신사에 공인인 총리가 참배한다. 일견 나라를 위해 싸우다 죽은 영들을 추모하기 위해 총리가 공식 참배하는 것은 문제 될 것이 없다고 생각하는 이들도 있다. 그러나 이런 심정적 착각은 "야스쿠니 신사"가 일본 국민들 가운데 깊이 뿌리내리고 있는 종교성을 모르기 때문이며, 더 나아가 사이비 종교와 같은 "천황교"[1]가 가진 종교 사상적 피폐성을 알지 못하기 때문이다. 천천히 알아가겠지만, 천황제 이데올로기는 단순한 이념을 넘어서 일본 국교와 같은 종교성으로 국민들의 영혼을 갉아먹는 기생충과 같다. 이런 의미에서 "야스쿠니 신사 참배"는 천황제 파시즘적 일본 군국주의의 건재를 과시하면서 그것의 재현을 꿈꾸는 허황이며, 이웃 나라를 깡그리 무시하는 폭력적 행위다. "천황제 이데올로기"는 국민을 종교적 신념으로 하나로 묶어내는 "천황교"이기 때문에 기독교와 상충할 수밖에 없는 구조를 가진다.

그러므로 본서 1부에서는 천황제의 역사적 태동과 성립 및 발전의 과정을 간단히 소개하고, 특히 이것이 근대에서 어떻게 정치 및 종교 이데올로기로서 개변되어왔는가에 초점을 맞춰 논의를 개진할 것이다. 2부에서는 이런 천황제의 토양 위에 기독교가 어떻게 심겼으며, 어떻게 발전되고 변질되어갔는지를 톺아볼 것이다. 본론으로 들어가기에 앞서 몇 가지 점에 대해 양해를 구하고자 한다.

첫째, "천황제와 일본 개신교", 즉 천황제와 기독교라는 상이한 두 주제가 이 책에서 하나의 제목으로 묶여 있다는 점을 두고 독자들은 두 그룹 간의 치열한 무용담을 기대할 수 있겠지만 결코 그렇지 않다. 일본의 기독교 역사에서 교회가 천황제 이데올로기를 신앙적·

---

1   "천황교"는 독자들에게 생소한 용어일지 모른다. 이는 천황, 천황제 이데올로기를 하나의 컬트(cult)로 간주하여 칭하는 역사학자들의 용어다. 이 용어에 대한 설명은 "대일본 제국 헌법"을 다루는 항목에서 좀 더 자세히 이루어질 것이다. 본서는 천황제, 천황제 이데올로기, 천황교 등을 상호 교환적으로 사용한다.

신학적으로 비판할 수 있는 능력을 갖추기 시작한 것은 그렇게 오래된 이야기가 아니다. 일본에서 교회가 국가에 대해 "교회와 국가"라는 약간의 투쟁 모드를 갖추게 된 것은 거칠게 말해 1945년 패전 이후다. 물론 선교사들의 신사참배 거부, 상지(上智) 대학의 신사참배 거부, 등대사 사건, 성결교 탄압 등에서 소극적인 투쟁이 있었던 것은 사실이다. 하지만 일본 기독교가 주체적으로 천황제에 항거했던 투쟁의 역사는 찾아보기 힘들다고 말해도 과언이 아니다.

둘째, "천황"이라는 호칭 사용에 관해 독자들의 양해를 구하고자 한다. 한국 사람으로서 일본을 향해 당연히 가질 수밖에 없는 정서를 감안하면 "일왕"을 사용하는 것이 바람직하게 느껴질 수 있다. 그러나 그렇게 하면 "천황"이라는 용어가 담고 있는 아주 사악한 사상성(思想性)이 가볍게 여겨질 위험이 있다. 물론 "일왕"이라는 단어로 잠시의 만족은 얻을 수 있겠지만, "천황"이라는 용어가 담고 있는 진한 역사적 공격성을 잃어버린다면, 우리는 더 큰 손해를 볼 수 있다. 사실상 "천황"이라는 용어가 가진 종교적 이데올로기성은 일본 역사에 깊이 배어 여전히 꿈틀거리고 있다. 그런 의미에서 "천황", "천황제", "천황교" 등의 용어를 스스럼없이 마구 사용하는 것이 오히려 그것들이 가진 역사성을 발가벗기는 행위가 될 수도 있다. 따라서 비록 "천황"이라는 용어가 가진 역사적 부담감이 적지는 않겠지만, 그 용어를 역사성을 가진 학문적 도구로 사용하겠다는 본서의 취지를 독자들이 넓은 아량으로 이해해주기를 바란다.

셋째, 일본어를 표기할 때, 잘 알려진 것들은 한자의 한글 독음을 그대로 표기하지만, 일본어 독음을 그대로 표기하기도 할 것이다.

이것은 이해와 가독성에 도움을 주기 위한 일환이다. 예를 들면 조(ぞう)와 죠(じょう), 도(ど)와 토(と), 가(が)와 카(か) 등이 한글 표기에서 구분 없이 사용되지만, 본서에서는 구분하고자 한다. 본서에 게재된 사진들은 모두 인터넷상에서 빌린 것이다.

넷째, 본서는 1867년(메이지 유신; 일본 개항은 1854년)에서 1945년 일본의 패전까지를 중점적으로 다룰 것이다.

다섯째, 필자는 일본 역사를 전공한 전문가가 아니다. 본서는 단지 약 25년간 일본 현지교회와 신학교를 섬기면서 그들과의 교제 가운데 함께 배우고 투쟁했던 경험과 학습에 근거하여 시대순으로 나열한 글일 뿐이다. 이 글을 쓰는 도중 필자의 스승이었던 와타나베 노부오(渡辺信夫) 목사님께서 2020년 3월 27일 0시 32분에 세상을 떠나셨다. 필자는 이분을 통해 일본 교회의 역사와 독일 고백교회의 투쟁사에 관해 많은 것을 배웠다. 극소수의 사람이 천황제 반대와 "야스쿠니 투쟁"을 그만두지 못하는 근원적인 이유는 그것이 신학적 공리로서 십계명의 제1계명에 저촉되기 때문이다. 이 문제는 한국교회와도 깊은 관계가 있다. 우리는 "신사참배 거부"라는 우산 아래 조선교회가 실제로 범한 교회적 범죄 행위들이 파묻혀 있지 않은지를 살펴보아야 할 것이다. 따라서 본서는 이런 학습의 교제(交際)를 정리한 것임을 밝혀둔다.

마지막으로, 본서의 기술은 때때로 독일 고백교회의 투쟁사와 연결되어 이루어질 것이다. 왜냐하면 일본 제국이 천황을 중심으로 "천황교"라는 종교적 파시즘의 모습을 강하게 보였듯이, 나치즘 역시 하나님의 계시로서 히틀러를 구세주로 여기며 강한 종교적 파시즘을 형성했기 때문이다. 두 나라가 동일하게 악마적 원리주의에 의해 국가적 도착 증세를 보였을 때, 그에 맞서 투쟁했던 독일 교회와 전혀 그럴 생각조차 없었던 일본 교회의 차이점을 알아가는 것은 그리스도의 교회를 생각하는 많은 사람들에게 새로운 지표를 던져주기에 충분할 것이다.

본서는 2019년 9월 2일에 새물결아카데미에서 개최된 강연 "일본 천황제의 본질과 개신교"의 강의안을 다시 정리하여 책의 형식으로 재구성한 것이다.

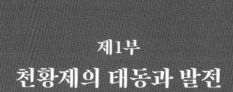

제1부
천황제의 태동과 발전

1. 천황제: 사전적 정의

"천황제"라는 주제는 우리에게 아주 친숙하면서도 동시에 아직 뚜껑이 열리지 않은 미지의 세계와 같은 측면이 있다. 따라서 이 주제로 본격적으로 들어가기 전에 그것의 사전적 의미를 먼저 살펴보는 것이 이해의 지름길이다. 여기서는 세 종류의 사전에 기록된 "천황제"의 의미를 살펴보려고 하는데, 두 가지는 일반 시민을 위한 사전이고, 나머지 하나는 기독교 관련 출판사에서 발행한 사전이다. 먼저 『이와나미 일본사 사전』(岩波日本史辞典, 243)이 말하는 천황제는 다음과 같다.

> 천황제는 일본의 독자적인 군주제로서, 광의적 의미로는 전근대 천황제와 상징 천황제(헌법의 개정)를 다 포함하며, 협의적 의미로는 메이지 유신에서 패전(1945년)에 이르는 근대 천황제를 지칭한다. 1926년대 초기(초기 쇼와)에 좌익 용어로 등장하여 패전 후에는 사회과학 용어로 정착되었다. "마을 천황제", "내면적 천황제" 등 사회질서나 정신구조 분석으로도 사용되며, 기본적으로는 국가 권력기구와 그 운동 형태를 나타내는 개념이다.

동양경제신문사가 출판한 『일본 근현대사 사전』(日本近現代史辞典, 445)의 정의는 다음과 같다.

천황제란 천황을 절대자로 섬기는 메이지 이후의 국가기구를 지칭하는 용어로서 쇼와 초년에 등장했지만, 제2차 세계대전 후에는 고대 천황제, 전후 천황제 등 다의적으로 사용되면서 천황이 존재하는 국가기구 일반을 가리키는 일반적 용어로 사용되었다. 그러나 천황제는 일차적으로 정치권력뿐만 아니라 이데올로기 및 사회질서까지 포함하는 근대 일본의 국가구조를 지칭하는 용어로 이해되어야 한다.

마지막으로 기독교 관련 출판사인 교문관(敎文館)이 간행한 『일본 그리스도교 역사 대사전』(日本キリスト教歷史大辭典, 911)의 정의는 다음과 같다.

천황제란 1920년대부터 당시의 지배체제를 문제시하는 의미에서 주로 유물사관에 입각하여 근대 역사가들이 사용한 용어지만, 오늘날에는 일반적으로 사용되고 있다. 포괄적 의미로는 천황을 군주로 하는 일본의 특수한 지배 형태를 말하지만, 그 성격이나 구조가 역사적으로 일정하지 않기 때문에 고대 천황제, 근대 천황제 등 다양한 표현으로 사용된다. 통상 "천황제"라는 용어는 메이지 유신 이래 패전에 이르기까지 존속했던 천황을 정점으로 하는 일본의 국가체제를 말하는 것으로, 단순히 정치적 지배체제만이 아니라 경제, 문화, 사회, 사상에 전반적으로 영향을 두루 미쳤던 전체적 체제를 말한다. 메이지 이후의 천황제 지배는 시대와 상황에 따라 극단적 권위주의로서의 권력이었다. 물론 그렇지 않은 경우도 있었지만, 사회 전반에 이르는 총체로서의 천황제는 군국주의와 파시즘의 발전과 함께 점점 체제로서 강화되었다. 천황제는 정치적으로 말하면 천황을 국가권력(입법, 사법, 행정, 군대, 경찰 등)의 정점으로 두는 지배체제다. 경제적으로 말하면 천황을 강대한 자본가 및 대지주로서 황실 재산의 창출에 의한 일본 자본주의 체제의 정점으로 간주하는 체제다. 또한 그를 지주제의 정점으로, 또는 동맹자로서 경제적 지배체제의 정점으로 간주하는 체제다. 사회적으로 말하면 당시의 특수한 일본적 가족제도의 정점에 천황을 두는 가족국가관에 입각한 일본의 지배체계다. 또한 황실을 종가로 모시는 사회체제의 정점으로 천황을 섬기는 지배체제다. 신도(神道)를 국가조직에 편입 조합시켜 종교적으로 국가조직의 틀을 새롭게 짬으로서 천황을 신격화하여 다른 모든 종교를 이것에 종속시키고자 하는 국가종교로서의 천황제는 교육칙어와 그 외의 것들을 도덕의 지침으로 확정하여 천황을 최고의 도덕적 심연으로 받들고, 천황에 대한 충성을 절대화하는 도덕체계다. 따라서 천황제는 교육체제의 정점에 천황을 둔다. 이런 국가 지배의 총체로서 천황제가 형성되어 왔다.

앞에 기술한 두 사전의 정의와 비교해볼 때, 후자의 정의에서 문제의식을 지닌 비판성을 엿볼 수 있다. 또한 일본의 정점 및 국가의 기축으로서의 천황의 위치를 감지할 수 있다. 실제로 천황은 일본 고유의 군주로서 국가 도덕의 원천, 정치적 주권자, 군사적 통수권자, 일본 가족의 가장, 종교적 제사장이다. 따라서 천황에 대한 절대적인 충성과 믿음이 요구된다. 천황제는 국가의 기축이 되는 국가종교 이데올로기라고 말해도 과언이 아니다. 이는 독일 나치당이 말하는 "지도

자원리"(Führerprinzip: 지도자가 피지도자들에게 무조건적인 복종과 충성을 요구하는 사상)와 같다.

1922년에 일본 공산당이 러시아의 절대군주제(차르주의)에 빗대어 "천황제"를 표기하면서 이것을 일본적 봉건계급과 부르주아가 결합된 일본 권력구조의 본질이라고 규정한 것으로부터 이 용어의 시발점을 찾을 수 있다고 하지만, 그 실체는 그런 협의적인 의미로 가둘 수 없다.

일본이라는 국가를 통치하는 체제라는 의미에서 "천황제"는 메이지 유신의 혁명 주도자들에 의해 인위적으로 형성된 신앙을 강하게 지닌 국가종교 이데올로기다. 이는 천황을 존경하는 차원을 넘어 신성시하고 종교적으로 신앙함으로써 국민의 정신과 사상을 통일시키는 통치방식이다. 따라서 천황제는 단순한 정치체제가 아니라 국가의 통일을 종교적 신앙을 통해 이루어가겠다는 이데올로기다. 그렇기 때문에 학자들은 천황제를 "정치종교", 또는 모든 종교를 초월한 "초종교"(超宗敎), 또는 "천황교"라고 주저 없이 단언한다. 이런 이유에서 본서는 이 용어들을 상호 교환적으로 사용할 것이다.

천황제에 관한 사전적인 의미를 살펴보았으니, 이제 이 "천황제"가 언제, 어떻게 유래되어 발전했는지를 간략하게 살펴보고자 한다.

2. 천황제의 유래와 배경

(1) 농경사회와 제사

천황제는 근대 일본 국가의 형성에서 홀연히 생겨났다. 그러나 그것은 진공 상태에서 만들어진 것이 아니라 오래전부터 전해져 내려오던 신화와 토속종교를 서양의 유일신교처럼 일본 근대화의 도덕정신 종교로 다시 만든 것이다.

일본의 토속신앙은 고대 농경사회와 밀접한 관계가 있다. 땅을 무엇보다도 중요하게 여겼던 농경사회는 자연스럽게 땅을 관장하는 "토지신"(土地神)이 있다고 믿었고, 절기를 따라 제사를 행함으로써 보호와 안녕 및 풍년을 빌었다.

특히 벼농사가 중심이었던 일본은 "이네(벼) 제사"를 가장 중요하게 여겼다. 고대 일본의 "벼 제사"는 "예축제"(予祝祭)와 "수확제"로 나뉘었다. 후자의 기본은 제사를 집행하는 제사장이 햅쌀을 신(神[카미])에게 바치고 햅쌀로 지은 밥을 신과 함께 먹음으로써 "신"과 직접 교류하는 것이다. 제사장은 햅쌀이 지닌 생산력과 생명력을 먹음으로써 새롭게 소생하는 생명의 힘을 얻게 된다고 믿었다. 이렇게 함으로써 제사장은 신과 하나가 되어 다음 해의 풍작과 수확을 가져다주는 능력 있는 존재로서 거듭나게 된다.

⑵ 고대 일본의 왕권

일본 섬나라에 야마토 정권이 발흥했던 약 4세기경부터 나라와 땅을 통치하는 왕이 자연스럽게 제사까지 관장했다. 다시 말해 왕이 제사장으로서 제사를 집례하면서 그 나라를 다스리는 신과 하나가 되는 일체화가 강조되었다. 이 때문에 신과의 일체화가 일어나는 수확제사는 점점 추상화되었고 강력한 권력의 형태로 발전해갔다. 왕은 특정 지역만이 아니라 일본 전 지역의 생산을 관장하는 제사장으로서 제사를 집례했다. 햇곡식(新穀)이 상징하는 생명력, 생식력, 생산력이 마치 왕의 고유한 속성처럼 간주됨으로써 왕은 마침내 강력한 신적 존재가 되어버렸다.[1]

⑶ 신상제

야마토 정권은 6세기의 "대변혁의 개신"을 시작으로 7세기 말 한반도와 중국의 영향을 받아서 법령 국가체제로 정비되어간다. 종교적이었던 야마토 정권의 주도 세력은 이웃 나라들의 영향을 받으면서 독자적인 종교를 형성해갔다. 그뿐 아니라 왕의 통치와 권위의 근거에 더 많은 신화적 요소들을 착색하여 왕의 신적 권위를 더욱 강화시

---

[1]   5세기 말부터 급격하게 세력을 확장하기 시작하면서 왕은 "오호키미"라고 불리기도 했다. 8-9세기에 기록된 만엽집(万葉集, 만요슈), 고사기(古事記, 코지키), 일본서기(日本書紀, 니혼쇼키) 등에 의하면, 일본의 고대 왕들은 기본적으로 제사장적 성격이 강했다. 이처럼 고대 왕권이 종교적 권위를 가지게 된 것은 "오호키미"가 제사를 집행하는 사람이라는 점에 기인한다.

켰다. 이런 가운데 고대 일본의 신도는 야마토 정권이 섬겼던 신들을 천신(天神, 아마츠카미)이라고 칭하는 반면 지방의 토지신들을 국신(国神, 쿠니츠카미)이라고 하여 천신을 최고로 규정하는 신들의 계보를 형성했다. 따라서 일본 왕은 하늘에 사는 천조대신(天照大神, 아마테라스 오오카미)의 자손이자 신적 혈통으로서 일본 왕조를 이어가는 신의 아들이었다. 이처럼 천신의 자손인 일본 왕이 정치적 통치자인 동시에 국가 최고의 대제사장이 됨으로써 "제정일치"의 정치체제가 자연스럽게 형성되고 강화되었다.

이런 흐름 가운데 수확제는 "신상제"(新嘗祭, 니이나메사이)로 정형화되어갔다. 이 제사를 통해 일본 왕은 "카미"(神)와 교류하여 신격화가 일어나고 명실공히 최고의 제사장이 된다. 일본 왕의 권위는 "니이나메사이"에 그 뿌리를 둔다. 이것이 현대에 이르기까지 "천황"이 지닌 권력의 중심을 이룬다고 할 수 있다. 일본의 왕은 즉위할 때 니이나메사이의 가장 큰 제사로서 "다이죠우사이"(大嘗祭)를 국비를 사용하여 치른다.[2] 나루히토가 일본 천황으로 즉위하면서 왕으로서 단 한 번 치른다는 가장 중요한 예식인 다이죠우사이가 2019년 11월 14-15일에 걸쳐 시행되었다. 이것은 "일본 왕"의 신격화가 일어나는 예식이다.

일본의 성서적인 기독교인들이 "다이죠우사이"를 격하게 반대

---

2   국비를 사용하여 특정 종교의 행사를 치르는 것은 현행 일본 헌법 제20조 "종교의 자유 보장 정교분리"에 위배된다. 또한 일본 헌법 제89조에 따르면 "공금 그 외의 공적 재산은 종교상의 조직 또는 단체의 사용, 편익 유지를 위해…제공되어서는 안 된다." 그러나 아베는 아랑곳하지 않는다. 천황(제)은 헌법 위에 군림하는 국가의 근원으로 생각된다.

하는 이유가 여기에 있다. 기기신화(記紀神話)에서 유래하는 다이죠
우사이는 황조신과 햅쌀을 먹음으로써 천황의 덕이 쌓여 현인신이
되는 것을 축하하는 제사다.

참고: "일본"과 "천황"이라는 용어

이와 함께 일본은 율령에 의한 정치제도를 세워가기 시작한다. 그 당시 일
본 섬나라를 "왜"(倭)라고 불렀으며, 통치자를 "왜국왕"(와코쿠오우) 또는 "왜
왕"(와오우)이라고 불렀다. 그런 가운데 701년에 일본 최초의 율령으로 알려
진 "대보율령"(大宝律令)이 제정되었고, 자신들의 신화와 역사를 써 내려간
"고사기"(古事記, 712년)와 "일본서기"(日本書紀, 720년)가 쓰였다. 후자에서
는 "왜"가 "일본"과 겸용으로 사용되었지만, 실로 언제 "왜"에서 "일본"으로 바
뀌었는지 찾아내기란 쉽지 않다. 일반적으로 700년경에 일본이라는 단어가
사용되기 시작했다고 주장된다.[3]

일본이라는 나라 이름과 함께 "천황"이라는 칭호가 등장한 것도 이
즈음이었다고 주장되기도 한다.[4] 하지만 "천황"이라는 단어가 언제

---

3   참고로 일본 사람들은 일본을 "니혼" 또는 "닛뽄"이라고 읽는다. NHK는 이 두
     가지의 읽기 방식을 모두 채용하고 있다. "닛뽄"으로 읽는 것은 1934년 "문부
     성 임시국어조사회"가 그렇게 결정했지만, 일본 정부가 공식적으로 채택한 적은
     없다. 그럼에도 불구하고 옛사람들이 "닛뽄"이라고 읽기를 선호하는 것은 전쟁
     당시의 강한 일본에 대한 향수와 동경을 드러내는데, 실제로 "닛뽄"은 일본 제국
     주의 파시즘이 사용한 용어다.

4   천황이라는 글자는 중국 도교에서 최고의 신으로 간주되었던 천황대제에서 나
     온 것으로, 당나라에 유학한 사람들에 의해 전해졌다고 한다. 그때는 "스메라미
     코토"(皇尊天皇)라고 했다. 그래서 요즘도 "천황"이라고 쓰고 "스메라기"라고
     읽기도 한다. 스메라미코토는 특정 왕을 지칭하며, 스메라기는 황조, 황통을 의

부터 사용되었는지에 대해서는 역사학자들의 다양한 견해가 존재하기 때문에 그 시기를 확정하는 일은 결코 쉽지 않다. 본서는 메이지 유신의 혁명가들이 "신무천황(神武天皇, 기원전 711-585년) 기원설"을 주장했다는 사실을 아는 것으로 만족하고자 한다. 1870년 10월 25일, 오늘날의 입법부에 해당하는 좌원제도국(左院制度局)의 요코야마(橫山由淸)씨가 메이지 3년(1870년)을 신무천황의 즉위로부터 2530년이 되는 해로 규정하여 제출했고, 정부는 이 주장을 받아들여 신무천황 기원설을 제정했다. 이것은 서력을 사용했던 서구 열강에 대해 일본의 황기가 서력보다 660년이나 오래되었음을 드러내어 국위를 과시하기 위한 것이었다.

⑷ 습합의 시작

6-7세기가 되면서 일본 고대 국가는 왕의 정치적·종교적 의미를 보다 강하게 주장하기 위해 왕의 칭호를 "천황"으로 대체했다. 그 당시 백제로부터 전수된 불교가 융성해지면서 일본의 종교, 사상, 학예, 기술 등의 문화 전반에 강한 영향을 미쳤다. 8세기에는 불교국가 체제가 형성될 정도였지만, 도교와 유교 등의 종교적 관념들이 신도에 많은 영향을 주면서 "신불습합신"(神仏習合神)이 형성되어 황실과 연결되었다. 황실 제사는 다양한 종교적 개념 등을 습합하여 일본 고

미한다. 어떤 사람들은 "텐노"(천황)라고 부르게 된 것은 쇼토쿠(聖德) 태자(기원후 600년대) 때에 "일본은 독립국으로 중국의 속국이 아니다"라는 의미에서 왕이 아니라 천황이라는 이름을 붙였다고 주장하기도 한다.

유의 종교적 개념을 점점 체계화했다.

　율령에 의한 정치제도로 국가 형태의 확립을 시도했던 "왜국"은 무엇보다도 중앙행정조직에 신들의 제사를 관장하는 "신기관"(神祇官)을 두었고, 그것의 행정 전반을 관할하는 "태정관"(太政官)을 설치했다. 특히 헤이안 시대(平安, 794-1185년) 초기부터 하늘의 신(天神)과 땅의 신(地神)의 제사를 관장하는 신기(神祇) 제도가 완성되면서 신기관에 의한 황실 제사는 국가종교로서 보다 체계적으로 정비되어갔다. 신기관은 이세신궁 등 조정과 관계가 깊은 신사를 비롯한 유력한 신사들을 관할했다.

　일본에 전래된 불교는 호국불교로서 조정과 귀족의 보호 아래 전성기를 누리면서 일본에 습합되어 새로운 형태의 모습들로 나타나기 시작했다. 예를 들어 천태종(天台宗, 텐다이슈)과 진언종(眞言宗, 신곤슈)이 일본 재래의 신들에 의해 재해석되고 재조명되어 습합 종교들이 나타났다. 구체적으로 천태종과 신도가 습합된 "산왕일실신도"(山王一実神道, 산노이치지츠신토)가 있으며, 진언종에서는 "양부신도"(両部神道, 료부신토) 등이 있다. 이런 종교들의 기본 사상은 "본지수적"(本地垂迹, 혼지스이쟈크), 즉 일본의 재래신들은 인도의 부처가 일본인을 구하기 위해 현신(現神)한 것이라고 가르치는 신도와 습합된 형태들이다. 또한 도교 역시 일본으로 습합되어 "음양도"라는 형태로 일본화되어 조정의 의식과 각 지역 신사의 제사 의식에 큰 영향을 미쳤다. 이런 정치와 종교의 흐름 속에 천황을 정치적 통치자와 종교적 제사장으로서 규정하는 황실 제사는 불교, 유교, 음양도 등의 영향을 받으면서 보다 체계적으로 정비되어갔다.

그런데 11세기 말, 당시 조정을 장악하고 있던 헤이시(平氏) 가문과 지방세력인 겐시(源氏) 가문 사이에 겐페이 내전(源平, 1180-1185년)이 일어나 전자가 패함으로써 천황의 정치적 권력은 실질적으로 약해졌다.

이때 겐시 무사들을 이끌었던 무장 미나모토노 요리토모(源賴朝, 1147-1199년)는 1192년 고토바(後鳥羽) 천황으로부터 정이대장군(征夷大將軍)으로 임명된다. 그는 조정으로부터 거의 독립된 형태로 가마쿠라 막부(1185-1333년) 정권을 시작했다. 이로써 천황의 지위는 명목상의 자리로 바뀌어갔다.

⑸ 천황의 신격화 시작

메이지 유신 혁명가들은 "기기신화"(記紀神話: 『고사기』와 『일본서기』의 총칭)를 통해 천황의 신격화 작업을 보다 구체적으로 실행하여 헌법에 명시될 정도로 강력한 천황 중심의 일본 근대국가를 형성하는 원동력으로 삼았다. 이미 오호키미 등으로 제사장적 이미지를 가졌던 왜왕을 신의 아들로 기술하는 사적이 등장하기 시작한 것은 키타바타케 치카후사(北畠親房)가 썼다고 알려진 『신황정통기』(神皇正統記, 1339년)에서 비롯된다. 이는 일본의 남북조 시대(1336-1392년)에 남조의 요시노(吉野) 조정의 정통성을 기술한 역사책으로, 저자의 철학, 윤리, 종교, 정치관이 엮여 있다. 이 책에서 일본은 천조대신(天照大神, 아마테라스 오오카미)에 의해 생겨난 나라로서 그의 신들이 통치하는 다른 왕조에서는 찾아볼 수 없는 세계 유일의 신국이라고 주장된다.[5] 또한 천지가 열린 이후로 오늘에 이르기까지 천조대신의 뜻을 받은 황위 계승은 전혀 흔들림이 없다고 한다. 후술하겠지만, 천조대신이 그의 손자인 니니기노 미코토(瓊瓊杵尊)가 강림할 때 "천손강림 신칙"을 발표하고 그에게 세 종류의 신기(三種神器: 거울, 검, 구슬)를 하사했는데, 이것이 황위의 상징이 되었다. 따라서 니니기노 미코토의 아들인 신무천황은 세 종류의 신기를 가진, 즉 정통성을 가진 천황으로서 천조대신의 손자에 해당하며, 그 뒤를 이은 역대 천황은 현인신으로서 대대손손 변함도 끝도 없이 나라를 다스린다는 것이다.

남북왕조의 대립은 북왕조의 승리로 끝이 나고 무로마치 막부(室町幕府, 1336-1573년) 시대가 시작되면서, 치카후사론을 부정하는 "속신황정통론"(續神皇正統記, 小槻晴富)이 등장하기도 하지만, 그 후 에도 시대(江戸時代, 1603-1868년)가 되면서 "신황정통론"이 높이 평가되고 미토학(水戸学)으로 이어지면서 훗날 황국사관에 깊은 영향을 끼치게 된다. 치카후사의 『신황정통기』는 신화를 비신화화하고 역사의 현장으로 재해석하여 일본이 신적 정통성을 가지며 타 민족보다 우월하다고 주장한다. 치카후사의 주장은 미토학, 국학, 메이지유신, 국체론, 그리고 일본 중심의 "대동아공영권"으로 이어진다.

---

5   https://ja.wikisource.org/wiki/神皇正統記.

(6) 황실 제사의 쇠퇴와 재흥

카마쿠라 시대(1185~1333년)를 지나면서 천황의 정치적 입지는 좁아
졌다. 특히 반세기가 넘는 남북조 내란의 시기는 천황의 정치적·종
교적 권위가 힘을 잃어가는 시대였다. 무로마치 막부 시대는 천황의
권위가 극도로 쇠퇴한 시기였다고 할 수 있다. 그러나 오다 노부나가
와 도요토미 히데요시로 이어지는 쇼쿠호 시대(織豊時代)를 통해 통
일국가가 형성되었다. 이어서 도쿠가와 이에야스(德川家康)의 에도
막부 시대에 그들은 천황의 고대적 권위를 회복시키면서 전국 통일
지배를 실현하는 정책을 세웠다. 다시 말해 에도 막부는 도쿠가와 장
군이 지닌 정치적 권위의 정통성과 정당성을 확립하기 위해 천황의
권위를 조금씩 부활시킨 것이다. 하지만 여전히 천황의 정치권력은
명목상의 것이었다.

정치적 권위는 차치하더라도, 천황의 왕권은 제사장적 권위를
그 본질로 하는 것이었기 때문에 황실신도 제사는 제도적으로 완성
되어 있었다. 그런데도 황실은 진언종의 단가(檀家: 절이 장례와 공양을
독점적으로 집행한다는 조건으로 형성된 절과 집의 관계)였다. 즉 황실이 장
례식만큼은 불교식으로 치렀던 것이다. 오늘날에도 일본인들은 사람
의 출생은 신사, 결혼은 교회(가짜 교회), 죽음은 불교와 연결하는 습
합적 문화에 아주 익숙하다. 그 당시에도 천황은 신도 제사의 제사장
인 동시에 불교의 각 종파에 대사, 국사, 선사 등의 칭호를 하사하는
불자이기도 했다. 물론 황실 제사는 여전히 실시되었다. 여하튼 천
황과 황실의 권위와 제사는 예전과 같지 않았다. 예를 들면 1462년

에 니이나메사이(新嘗祭[신상제])가 폐절되기도 했다. 이는 1688년 225년 만에 부활되지만, 이런 우여곡절 가운데서도 다이죠우사이(大嘗祭[대상제])는 끊임없이 지속되었다. 1750년에 이르면 천황이 집례하는 고대 형태의 제사가 완전히 회복된다. 그러나 천조대신에게 간청하여 "이미비"(忌火)라고 부르는 청정하고 깨끗한 불로 지은 밥을 천황이 천조대신에게 공양하고, 천황이 함께 먹고 함께 잠을 잔다는 진콘지키(神今食[신음식])는 허용되지 않았다. 다시 말해 천황에 의한 "니이나메사이"와 "다이죠우사이"의 부활이 천황의 제사장적 권위가 점차적으로 살아나는 것을 의미한다 할지라도, 고대 천황제와 같은 제정일치적 의미에서의 정치종교적 권위가 부활된 것은 아니었다.

3. 근대 천황제의 태동

오늘날에도 "천황제"가 중요한 주제가 될 수 있을까? 결론부터 말하면, 우리는 반드시 천황제를 알아야 한다. 1945년 이후 새 헌법상의 의미에서 "천황"은 분명 상징적 존재에 지나지 않는다. 따라서 그에게 이전과 같은 특별한 정치적·종교적 의미가 없다고 주장하는 이들이 적지 않다. 그러나 근대 일본이 만들어낸 괴물과 같은 천황제 이데올로기는 여전히 일본인들의 심정을 종교적인 효과로 점령하고 있으며, 아주 유효하게 작용하고 있다. 왜 그럴까?

일반적으로 말하면 제1, 2차 세계대전을 치르면서 세계 각 나라의 왕실은 더 이상 국민을 결집시키는 원동력이 되거나 그런 계기를 제공하는 역할을 못하게 되었다. 그런데 유독 일본만은 그렇지 않다. 쇼와 파시즘의 "대동아전쟁"이 패전으로 끝났을 때, 일본 국민들은 그 이유를 천황의 큰 뜻을 이루기 위한 자신들의 헌신과 노력이 "부족"했기 때문이라고 생각했다.[6] 그리하여 후술하겠지만, 교회를 포함한 모든 국민은 자신들의 불성실과 게으름 때문에 전쟁에 패했다고 인정하면서 천황에 대한 "일억총참회" 운동을 일으켰다. 다시 말해 패전으로 말미암아 "천황제 이데올로기"의 허구성이 드러나기보다는 오히려 더 강화되었다. 패전 후 일본의 재건과 현대화는 천황제에 대한 반성이나 거부가 전혀 없이, 이전과 동일하게 파시즘적 천황제 이데올로기를 기초로 일본 국민의 정신 통일을 이루면서 진행된 것이다. 그러므로 천황제는 상징제가 아니라 여전히 실질적인 이데올로기로서 파시즘적 행태가 그 속에 잠재된 채로 남아 있기 때문에, 그것을 지켜보는 아시아인의 한 사람으로서도 반드시 알아야 할 과제다.

이처럼 종교성이 강하게 배어 있는 천황제 이데올로기는 언제부터 구체적으로 형성되기 시작했을까? 그것은 간단히 말해서 메이지 유신으로부터라고 할 수 있다. 왜냐하면 메이지 유신의 혁명가들이 일본을 근대화시키기 위해 "천황제 이데올로기"라는 국가종교 윤

---

6   吉馴明子 · 伊藤彌彦 · 石井摩耶子(編), 『現人神から大衆天皇制へ』(刀水書房, 2017), 5; 참고로 일본이 1941년 진주만을 기습하면서 "내각정보국"에서 "대동아전쟁"이라고 명명했다. 패전 후 연합군 총사령관이 "대동아전쟁"이라는 명칭의 사용을 금지시키면서 "태평양전쟁"이라고 불리게 되었다.

리를 새롭게 만들어 정신적 원동력으로 삼았기 때문이다. 그것의 시작은 다음과 같다.

에도 막부 정권의 제15대 장군 도쿠가와 요시노부(德川慶喜)가 모든 정권을 천황에게 되돌려놓는 대정봉환(大政奉還, 1867년)을 행함으로써 고대 천황제로의 왕정복고가 이루어진다. 이것은 고대의 제정일치적 군주제로의 복귀를 추구하는 동시에 합리적이고 과학적인 사고에 기반한 근대 산업화를 구체적으로 시작했다는 의미이기도 하다. 여기서 에도 막부가 왜 "대정봉환"을 하지 않으면 안 되었는지를 갈무리하고자 한다. 이는 일본의 근현대 천황제를 알아가기 위해 빗장을 여는 것과 같다.

(1) 사상적 배경

18세기 후반, 에도 막부 정권의 권력 약화와 타락이 빠르게 진행되고 있었다. 중앙 막부 정권의 허약성은 자연스럽게 지방 호족들의 약진으로 이어졌다. 이런 틈을 타서 정치력과 경제력을 바탕으로 막강한 군사력을 소유하게 된 이른바 "유우항"(雄藩)이라고 일컫는 지방 영주들이 막부의 비판 세력으로 등장했다.[7]

19세기에 들어서자 서구 열강은 허약한 막부 정권을 집요하게 공격하면서 개국을 요구했다. 산업혁명으로 성장한 영국에게 청나

7　"항"(藩, 번)이란 일본 역사에서 에도 시대에 1만 석 이상의 수확 능력을 지닌 영토를 보유한 봉건 영주인 다이묘(大名)가 지배했던 영역과 그 지배기구를 일컫는 역사적 용어다.

라가 아편전쟁으로 속수무책으로 당하면서 동아시아에 대한 서구 열강의 침략이 가시화되기 시작했다. 이것은 분명 막부 권력자들에게 심리적 압박으로 작용했지만, 그들은 여전히 쇄국을 고집했다. 그 당시에 유일하게 국교를 맺고 있었던 네덜란드조차도 막부에 친서를 보내 개국을 권고했으나 막부는 꿈쩍도 하지 않았다.

① 미토학

막부 정권이 쇄국 정책을 강하게 고집한 배경에는 "존왕양이론"이라는 사상적 흐름이 있었다. 그것은 다름이 아닌 미토항(水戸藩)을 중심으로 18세기 말부터 에도 막부 말기에 이르기까지 융성했던 미토학(水戸学)이다. 앞에서도 잠시 언급했듯이 미토학은 『신황정통기』의 이론을 강하게 이어받으면서 국학, 사학, 신도 등을 결합한 학문으로, 막부 말기의 학자들에게 지대한 영향력을 끼쳤으며, 무엇보다도 메이지 유신의 사상적·학문적 원동력이 되었다.

미토학의 기본적인 과제는 "내우외환"의 국가적 위기를 어떻게 극복할 것인가에 대한 철학이었으며, 대표적인 인물로는 후지타 유코크(藤田幽谷)와 그의 제자인 아이자와 세이시사이(会沢正志斎)를 꼽을 수 있다. 후자의 저서 『신론』(新論, 1825년)은 미토학의 교과서로서, 막부의 이국선타불령(異国船打払令, 1825년)을 계기로 쓰였다. 그 내용은 기본적으로 정치 쇄신과 군비 충실이었는데, 단순히 기술적인 의미에서가 아니라 백성이 자발적으로 한마음이 되어 국가의 목적에 협력하는 것이 정치의 기본이라고 주장하면서 민심총합을 이루는 가장 중요한 방법이 존왕양이(尊王攘夷)라고 강하게 외쳤다. 실로 나라의 임금을 섬기고 오랑캐를 무찔러 강력한 국가를 만들어야 한다는 슬로건은 미토번 소속의 교육기관이었던 홍도관(弘道館)의 교육 이념이었다. 이들은 "존왕양이론"을 "존황양이론"으로 개변하여 천황 중심의 사관을 더욱 강화시켜나갔다.

특히 미토항의 제2대 항주였던 도쿠가와 미츠쿠니(德川光圀)는 미토사관을 중심으로 『대일본사』를 편찬하기 시작했다(1715-1906년). 메이지 시대에 완성된 이 역사책은 미토학이 주장하는 대의명분론과 존황양이론으로 일관되어 황통을 역사적으로 확립시킨 책으로, 19세기 중반인 막부 말기와 메이지 시대의 사상에 큰 영향을 미쳤다. 이는 본래 원리와 이론적인 주자학의 관점에서 기술되었지만, 막부 말기와 개항을 전후로 보다 "지행합일"을 지향하는 행동적인 양명학으로 나아가 막부 타도로 이어지는 사상적 기반을 제공했다. 후술하겠지만, 메이지 유신의 왕정복고로 나아갈 수 있었던 것은 요시다 쇼인(吉田松陰: 일반적으로 메이지 유신의 정신적 지도자, 이론가, 타도막부론자, 1830-1859년)이 미토항을 방문하여 아이자와 등의 학자와 인연을 맺으면서 가능했다고 알려져 있다. 미토학은 천황제 이데올로기로 일본 근대 국가를 만들려는 황국사관에 지대한 영향을 끼쳤다. 강한 일본을 만들겠다는 미토학의 사상은 1930년대 쇼와 파시즘이 휘몰아칠 때 등장한 "국체" 개념으로 융합되어 보다 강하게 구체화되었다. 다시 언급하겠지만, "국체"란 일본의 건국 원리와 그 기초가 천황에 있으며, 따라서 천황이 중심이 되는 국가 질서의 확립을 말한다. 즉 "천황과 일본(나라)은 둘이 아니라 하나"라고 주장하는 국가 정치 이념이다.

② 국학

미토학에 학문적으로 가장 큰 힘을 보탠 것은 에도 중기(1700-1800년) 일본을 대표하는 "국학"이었다. 난학(蘭学)과 함께 에도 시대를 대표했던 국학은 황조학(皇朝学), 와학(和学), 또는 고도학(古道学)이라고 부르기도 한다. 황조학의 기조 학문으로서 국학은 외국에서 수입된 유교나 불교 중심의 학문을 비판하면서 일본 고유의 학문을 되찾아 연구하자는 일본학 운동이었다. 이는 유교와 불교의 영향을 받기 이전의 고대 일본이 고유하게 지녔던 독자적 문화, 종교, 사상, 그리고 정신세계를 밝히려는 학문이었다. 예를 들어 고전 만요슈(万葉集)를 연구하여 "복고신도"를 더욱 발전시킨 것은 국학이었다.

국학자의 대표적인 인물인 모토오리 노리나가(本居宣長, 1730-1801년)는 『교쥰가이겐』(馭戒慨言, 1778년 완성, 1796년 간행)이라는 책을 썼다. 이 책의 부제는 "중국과 조선은 서방의 오랑캐(야만, 戎, 에비스)이기 때문에, 만국을 조림(照臨: 비추어 임재하다)하는 천조대신이 살아 있는 나라(生国)인 우리 일본이 이들을 길들이기를 해야 한다. 즉 통어(統御)하는 입장에서 기술함"[8]이었다. 이는 철저하게 일본 중심주의와 존내외비(尊内外卑)라는 역사관으로 기술된 책이다. 모토오리는 무력으로 만주, 지나, 대만, 필리핀을 공격하여 정벌하고, 남경으로 황거를 이주시켜 전 세계를 황국의 군과 현으로 삼아야 한다고 주장했다. 중국 사람들이 "중화" 사상을 내세우면서 민족의 우월

---

8   「中国・朝鮮を西方の野蛮 (戎) とみなし、これを万国に照臨する天照大御神の
     生国である我が国が「馭めならす」、すなわち統御すべきものとの立場による。」

성을 주장한 것에 대한 일본의 도전이 여기서 발견된다.

국학자 사토 노부히로(佐藤信淵)는 『혼동비책』(混同秘策, 1823년)을 통해 일본 통치론과 함께 세계 정복론을 전개했다. "다른 나라를 평정하여 천하를 다스리는 법은 약하여 빼앗기 쉬운 나라부터 시작한다. 작금 세계 만국 가운데 황국이 침략하여 얻기 쉬운 나라는 중국의 만주보다 쉬운 곳이 없다"고 주장하면서 하카타(博多)에서 조선반도를 공격해야 한다는 "정한론"을 펼쳤다. 이런 국학의 영향을 받은 요시다 쇼인은 조선을 침략하여 인질로 잡고 조공을 바치게 해야 한다고 떠들어대면서 북으로는 만주, 남으로는 대만을 공격하고 진출해야 한다고 외쳐댔다. 그렇게 하기 위해 먼저 "국력을 배양하여 잡아먹기 쉬운 조선, 중국, 만주를 꺾어 순종하게 만들라"고 제자들에게 가르쳤다. 요시다의 정한론은 그의 제자들에 의해 메이지 초년인 1868년에 보다 구체적으로 대두되었다.

신황정통기, 미토학, 국학 등으로 이어지는 중세 일본의 기본적인 생각은 이웃 나라들을 오랑캐로 간주한다. 그들은 "천황"이 다스리는 신국 일본이 그들을 잘 통치하여 교화시켜야 할 책임을 지닌 나라라는 민족 우월주의와 군국적 침략주의에 사로잡혀 있었다. 18-19세기의 일본 중심의 세계관과 군국적 침략사관은 메이지 정부를 통해 "천황제 이데올로기"로 정리되어, 20세기 쇼와 파시즘의 "대동아공영권"이라는 망상으로 이어진다. 이는 아시아의 미개한 나라들을 깨우쳐 빛을 비추어주는 것이 일본의 천직이라는 사상이다.[9]

---

9   이런 천직 사상은 그 당시 히틀러의 게르만 중심주의와 연동된다. 그의 게르만

(2) 정치적 배경

18세기 말과 19세기 초에 이르기까지 에도 막부는 미토학과 국학 사상에 근거한 존왕양이론으로 무장되어 있었다. 그러나 일본에 대한 서구 열강의 거센 두드림은 그칠 줄을 몰랐다. 제2차 아편전쟁 이후 쿠로부네(흑선[黑船])라고 불리는 미국의 페리 함대가 우라가(浦賀)항으로 들어와 일본의 빗장을 열라고 개항을 요구한 것은 1853년이다. 막부 정권은 양이파들이 많았던 조정의 칙허를 기다려야 했지만, 기다리지 않고 이듬해(1854년)에 어찌할 수 없이 미일화친조약을 맺는다. 4년 후인 1858년에는 미일수호통상조약을 맺으면서 더 많은 항구를 개항하라는 압박을 받았다. 미국의 이런 움직임에 다른 열강도 조약을 요구하며 하나둘 일본 섬으로 들이닥쳤다. 그리하여 일본은 영국, 러시아, 네덜란드 등과 화친조약을 체결하게 된다.

그런데 "존왕양이론"으로 똘똘 뭉쳐 있었던 조정은 천황의 칙허를 기다리지 않고 개국을 조인한 막부에 의한 조약은 무효라고 주장하면서 막부 세력과 대립각을 세웠다. 더 나아가 에도 막부는 1858년에 자신을 반대하는 존왕양이파 등 100여 명을 숙청하는 "안세이 타이고쿠"(安政の大獄)를 일으켰다. 그러나 존왕양이 사상으로

민족 지상주의는 종교적으로 게르만 신화에 근거한 것이다(雨宮栄一, 『ドイツ教会闘争の史的背景』[日本キリスト教団出版局, 2013], 119). 고백교회는 이 사상을 "신이교주의"(110)라고 비난했다. 일본이 미/영의 개인주의를 배격하고, 일본에 의한 아시아 신질서 확립을 꿈꾸었던 것은 자국민을 보호하고, 비문화/비문명의 야만으로부터 자신의 문명을 지키며, 무질서로부터 참자유를 지켜내겠다는 일본 건국신화에 근거한 야마토(大和) 민족 우월주의에 근거한 사상이다.

철저히 무장된 지방 영주(다이묘, 大名)들 역시 막부 정권이 무능하기 때문에 열강에 문을 열어주었다며 불만을 토로하기 시작하면서 사태는 점점 악화되어갔다. 이는 단순히 불평을 늘어놓는 정도가 아니라 막부를 타도하여 왕정복고와 쇄국을 통해 강력하고 새로운 정권을 창출해야 한다는 "토바쿠 운동"(倒幕運動)으로 발전했다.

미토학 사상의 영향을 강하게 받은 영주들을 중심으로 일어난 토바쿠 운동은 크게 두 계파로 나뉜다. 막부는 조정으로부터 위임받은 정권이기 때문에 이를 중심으로 존왕양이론을 보다 철저하게 다시 세워가자는 사바쿠파(佐幕派)와, 이와는 반대로 존왕양이 사상을 보다 철저하게 행동으로 옮기기 위해서는 양이론에 철저하지 못한 에도 막부를 타도하고 왕정복고를 해야 한다고 주장하는 토바쿠파(討幕派, 일명 공무합체파: 천황의 조정과 막부 체제의 통치를 통합하려는 주장)로 양분된 것이다.

그 당시 "토바쿠 운동"은 일본의 서남쪽에 위치한 유우항(雄藩)들을 중심으로 일어났다. 특히 오늘날 가고시마(鹿児島)를 중심으로 하는 사츠마항(薩摩藩), 야마쿠치(山口)현을 중심으로 하는 쵸슈항(長州藩), 코치(高知)현에 해당하는 토사항(土佐藩), 그리고 사가(佐賀)현을 중심으로 하는 히젠항(肥前藩) 등이 그 중심이었다. 이 네 항은 상업을 발전시켜 경제적으로 풍성해지면서 그 돈으로 막강한 군사력을 보유했던 "유우항"들이었다. 이들의 주된 사상은 "존왕양이론"으로, 모든 정치권력을 천황으로 집중시켜서 천황을 중심으로 보다 강력한 일본을 만들자는 것이었다.

이런 가운데 토바쿠 운동에 박차를 가하는 두 가지 사건이 발생한다. 하나는 사츠마항이 영국과 벌인 사츠에이 전쟁(薩英戰爭, 1862년)이고, 다른 하나는 쵸슈항이 미국, 영국, 프랑스, 네덜란드의 포격을 받으면서 일어난 시모노세키 전쟁(1864년)이다. 간략하게 정리하면, 전자는 사츠마항의 항주(藩主)가 에도에서 사츠마로 돌아오는 길에, 다이묘 행렬을 보고도 말을 타고 그냥 지나가는 영국인 두 명을 무사들이 살해한 사건에서 비롯된다(1862년). 이로 인해 영국과 전쟁을 치르면서 사츠마항은 영국의 힘을 통감하고 토바쿠 운동에 적극적인 태도를 취하게 되었다. 후자는 막부의 개항으로 체결된 미일수호통상조약을 불평등조약으로 규정하면서 전국적으로 일어났던 "외국인 배척 운동"(양이운동)으로부터 비롯된다. 이 운동의 선봉에 섰던 쵸슈항은 상당히 과격했는데, 시모노세키 해협을 통과하던 외국 선박에 대해 쵸슈항이 포격을 가하면서 사건이 시작되었다. 갑작스러운 공격에 당황한 외국 선박들은 군대를 동원하여 쵸슈항에 포격을 가했고, 결국 그들의 압도적인 무력 앞에 쵸슈항은 두 손을 들고 말았다.

두 전쟁을 통해 유우항들은 서양 열강의 막강한 군사력과 경제력을 새삼 느끼며 앞으로의 살길을 모색했다. 그 결과 정한론을 외쳤던 쵸슈항의 요시다 쇼인을 중심으로 하는 존왕양이론자들은 생각을 조금 바꾸어 일시적으로나마 개국을 통해 서구로부터 문물과 과학산업을 받아들여 일본에 새로운 산업을 육성시키겠다는 "식산흥업"(殖産興業)과 그것으로 나라를 부하게 하여 군사력을 증강시키겠다는 "부국강병"을 최우선 정책으로 삼았다. 이것을 흔히 "소양이론"에서 "대양이론"으로의 대변화라고 한다.

이는 외국 오랑캐를 쫓아내자는 기본적인 입장을 견지하면서 서양의 산업화를 배우고 외국 문물을 받아들여 그것을 철저하게 자신의 것으로 만듦으로써 열강과 어깨를 견줄 수 있어야 한다는 것에서 더 나아가 이제는 오랑캐를 압도하여 무찌르고 일본만의 것을 확립해야 한다는 주장으로의 변화다. 이것은 철저하게 일본 정신의 영혼을 잃지 않으면서 서양의 기술을 자기의 것으로 습득하겠다는 화혼양재(和魂洋才) 이론이다. 결국 "대양이론"은 막부 정권을 타도하자는 "토바쿠 운동"의 중심적인 행동 목적이 되어버렸다.

그 당시에도 위험인물이었던 요시다 쇼인
https://www.asahi.com/articles/photo/AS20170908001516.html

그러나 유우항들 사이에는 누가 패권을 거머쥐느냐라는 기싸움이 여전했다. 특히 쵸슈항과 사츠마항은 누가 먼저 "구슬"(옥, 천황)을 차지하느냐로 경쟁하는 라이벌 관계에 있었다. 이 대립각은 메이지 유신의 주역이라고 일컬어지는 토사항 하급무사 출신의 사카모토 료마(坂本龍馬)의 주선으로 나라를 위한 동맹관계로 발전하는데, 이것이 유명한 쵸슈항과 사츠마항의 삿쵸동맹(薩長同盟, 1866년, 대정봉환 1867년, 메이지 1년 1868년)이다. 이로 인해 존황도막(尊皇倒幕)을 보다 세게 밀어붙이면서 이들이 중심이 되어 메이지 유신 혁명으로 치닫게 된다. 메이지 정부의 수립을 위해 공헌한 "메이지 정부 10걸"에 속한 인물은 모두가 삿쵸 출신이다.

더욱이 "대양이론"의 구체화는 "쵸슈 5걸"의 행보를 통해 더욱 명확하게 드러난다. 쵸슈 5걸이란 1863년 요시다 쇼인이 죽은 지 4년 후에 쵸슈항 수뇌부가 개국 후의 나라 안정과 산업, 외교와 부국강병을 위한 인재를 양성하기 위해 영국으로 유학을 보낸 다섯 명을 말한다.[10]

이런 의미에서 볼 때 일본 역사에서 "삿쵸동맹"이 갖는 의미는 실로 남다르다. 일본이 천황제 근대화로 들어서는 터닝 포인트가 바로 삿쵸동맹이었다. 이 동맹은 신황정통기, 국학, 미토학, 쿄준가이

---

10   요시다 쇼인이 죽은 지 4년 후, 쵸슈항의 수뇌부는 개국 후의 나라 외교를 위한 인재를 양성하기 위해 쇼인의 뜻을 이어 강한 나라를 세울 인재들을 외국으로 보냈다. 일본에서는 내각의 아버지 이토 히로부미(伊藤博文), 외교의 아버지 이노우에 가오루(井上馨), 철도의 아버지 이노우에 마사루(井上勝), 조폐의 아버지 엔도 긴스케(遠藤謹助), 공학의 아버지 야마오 요조(山尾庸三)를 쵸슈 5걸(長州五傑)이라고 부른다.

켄 등에서 나타난 존황사상과 대양이론을 통해 식산흥업과 부국강병을 이루어 일본을 서구 열강의 반열에 세우려는 일본 중심주의자들의 대동단결을 의미한다. 삿쵸동맹은 더욱 세력을 규합하여 "삿쵸토히"(薩長土肥: 사츠마항, 쵸슈항, 토사항, 히젠항[사가항])로 세력을 키워 갔다. 메이지 유신을 향해 한 걸음 더 나아간 것이다.

4. 헤이세이 삿쵸동맹

일본 근대화의 시발점인 삿쵸동맹으로 쵸슈항 출신인 요시다 쇼인의 후계자들이 일본 근대화를 주도했다고 말해도 과언이 아니다. 메이지 정권의 초대 수상인 이토 히로부미(伊藤博文)에서 오늘날의 아베에 이르기까지 일본의 역대 총리들을 가장 많이 배출한 곳이 바로 쵸슈항이다. 이런 의미에서 일본 총리들은 요시다 쇼인의 정신적 사주를 받은 도플갱어라고 할 수 있다.

과거에 조선을 침탈한 이토 히로부미의 직접적인 사상적 배경은 요시다 쇼인이었다. 아베가 가장 존경한다는 사람도 바로 요시다 쇼인이다. 다시 말해 일본 중심의 세계 통일론을 펼쳤던 요시다 쇼인의 오만방자한 망령이 아베와 그 우익들을 통해 오늘날에도 여전히 이어져 내려오고 있다. 한국에 대한 아베의 강한 질투심은 이런 사상적 흐름 속에서 이해되어야 한다.

존황 대양이론에 근거한 일본 중심의 팽창주의는 대동아공영권의 실패인 패전을 천황에 대한 미안함과 참회로 승화시킨 일본이 전쟁을 반성하기는커녕 오히려 현대판 침략적 팽창주의를 견지하도록 만들었다. 17세기 이후로 전해져 내려오는 일본 중심의 세계주의 환상은 여전히 진행 중이다.

2006년에 시작된 제1차 아베 내각은 2013년에 제2차 내각을 시작했다. 1차 때에 외무장관으로 기용된 아소타로가 2차 내각에서는 부총리 격에 해당하는 관방장관 자리를 꿰차고 앉았다. 이것은 꽤나 흥미롭다. 아베는 쵸슈항 출신이고, 아소타로는 사츠마항 출신이다. 1866년에 삿쵸동맹을 맺음으로써 메이지 유신을 일으켜 천황제 이데올로기에 의한 강한 일본을 만들었던 혁명가들이 바로 아베와 아소타로의 조상들이었다.

헤이세이의 삿쵸토히
https://images.app.goo.gl/L61BHGqZYRLp1BSm6

제3차 내각 이후 "강한 일본을 되찾자"는 슬로건을 내세웠던 아베는 자민당 총재 선거에서 연속 3선을 바라보게 된다. 그때 그는 도쿄가 아닌 가고시마현에서 총재 출마를 선언하면서 "반아베파"를 잠재우기 위해 "삿쵸"가 힘을 합쳐 새로운 시대를 열어가자고 외쳤다. 이것을 흔히 현대판 "헤이세이 삿쵸동맹"(平成薩長同盟)이라고 부른다. 아베 정권을 지탱하고 있는 정신적 지주는 메이지 유신으로 군사 대국이 되어 이웃 나라를 침략하고 유린하여 대동아공영권을 꿈꾸면서 세계대전을 일으켰던 강한 일본에 대한 삐뚤어진 동경에 지나지 않는다.

5. 메이지 유신(1868-1889년)

국내 정세가 불안하면 서구 열강에게 침공의 빌미를 제공할 수 있다는 생각에 삿쵸토히 연합은 막부에서 천황으로의 평화로운 정권 이양을 계획했다. 이것이 앞에서 잠시 언급한 "대정봉환"(1867년)이다. 일반적으로 대정봉환과 폐번치현(廃藩置県, 1871년)을 합하여 "고잇신"(御一新), 즉 나라의 모든 것을 천황 중심으로 새롭게 짜맞추는 작업이 시작되었다고 한다. 이로 인해 1192년 이래로 이어져온 무사 정권이 막을 내리게 되었다. 메이지 천황은 에도(江戸)에서 정무를 본다고 하면서 에도를 도쿄(東京)라고 선포했다(1868. 9. 3.). 동년 10월 13일에 그는 도쿄를 찾았고, 이듬해인 1869년 5월 9일에 새 수

도인 도쿄로 입성했다.[11]

메이지 유신의 기간에 관해서는 학자들마다 의견이 분분하다. 보통 1868년에서 "대일본 제국 헌법"인 일명 메이지 헌법이 제정된 1889년까지를 메이지 유신으로 간주한다.[12] 여기서 "메이지 헌법"의 공포(1890년)에 이르기까지 일어난 중요한 사건들을 간략하게 톺아 보고자 한다. 왜냐하면 이 기간이 메이지 정부가 천황제 이데올로기를 통해 천황제 중심의 국가 만들기를 정교하게 만들어간 시기이기 때문이다.

예를 들면 메이지 혁명가들은 천황 중심의 국가를 강력하게 세우기 위해 "대정봉환"과 더불어 "판적봉환"(版籍奉還: 여기서 "판적"은 영지와 영민을 말함, 1869. 7.)이라는 조치를 내렸다. 전국의 모든 영주가 소유하던 토지와 인민의 호적을 천황에게 반환하여 천황이 모든 소유권을 가지게 되었다. 국토와 인민의 주권을 인민에게 두는 것이 아니라 천황의 고유성으로 귀속시킴으로써 일본이라는 나라는 국민의 것이 아니라 천황의 것임을 선포했다. 1871년에는 "폐번치현"(廢藩置県, 하이항치겐)을 시행하여 종래의 봉건체제를 완전히 철폐하고 부현(府県) 행정구조로 바꿈으로써 천황 중심의 집권 국가로서의 모양새를 갖추고 민족 국가의 창출을 꾀했다.

그들은 1872년에 "태정관 포고 제342호"에 의해 "신무천황 즉

11　교토에서 도쿄로 수도를 옮긴 것을 동경전도(東京奠都)라고 하며, 그에 따라 천황이 교토에서 도쿄로 옮겨간 것을 동경행신(東京行幸)이라고 한다.

12　1868년에서 1879년 류큐처분(琉球処分: 메이지 정부가 오키나와에 대해 강제적으로 항을 폐지시키고 현을 만듦)까지로 주장하는 학자들도 있다.

위 기원"을 제정하여 이른바 "황기"(皇紀)를 포고했다. 이것은 메이지 정부가 역사관을 천황 중심으로 바꾸어 국민들의 세계관을 황국사관으로 재창출하겠다는 의지의 표출이었다. 이는 역법을 새롭게 하고, 어떤 해를 기준으로 삼아 경과와 소급의 가능자로 삼는 "기원"(紀元) 방식을 사용하여 역사관의 쇄신을 기한 것이다. 첨언하자면, 그들은 황기의 시작을 기원전 660년으로 간주하여 일본 역사의 기원이 서양보다 660년 앞선다고 주장하면서 서양 제국들이 사용하는 서력보다 자신들의 천황이 보다 오래된 역사를 가졌다고 과시했다. 물론 이는 역사성이 전혀 없는 이야기다.

더욱이 처음으로 일세일원(一世一元)이라는 원호법을 규정하여 보다 적극적으로 천황 중심의 국가 역사관과 세계관을 백성들에게 주입했다. 덧붙이자면, 메이지 정부가 그 당시 왕의 이름인 사치노미야 무츠히토(祐宮睦仁)의 원호를 "메이지"(明治)로 명명한 것은 그들의 일본 중심주의적 세계관을 그대로 반영하고 있음을 보여준다. "메이지"(明治)라는 의미는 천하를 밝은 방향으로 통치해간다는 뜻이다.[13] 이는 메이지 유신을 통해 세상을 비추는 중심 국가가 되겠다는 것으로, 그들의 미토학 및 국학의 침략 사상을 이어가는 일본 민

---

13 참고로 천황들의 원호가 가지는 의미는 다음과 같다. 메이지(明治): 천하를 밝은 방향으로 통치해간다. 타이쇼(大正): 정치가들이 국민의 의견을 기쁘게 들으면 정치는 바르게 행해진다. 쇼와(昭和): 국민 생활을 안정시키고 세계 나라들과 공존한다. 헤이세이(平成): 땅은 평화롭게 통치되고, 하늘은 순조롭게 돌아간다. 레이와(令和): 사람들이 아름답게 마음을 서로 모으면서 문화가 생겨 육성된다. 2019년에 즉위한 레이와는 정치적 의미로부터 벗어났다고 주장한다. 이는 아베와 그 동류들에 의한 언어유희다.

족의 우월주의를 보여준다.

특기할 만한 사항으로 1877년에 일본 역사상 최후의 반정부 무력 쿠데타로 알려진 "서남전쟁"(西南戰爭)을 진압한 내무장관 오오쿠보 토시미치(大久保利通, 1830-1878년)가 그다음 해에 암살되었다는 것은 그 당시 상황의 격렬함을 상상하기에 충분하다. 또한 같은 해에 급여 삭감에 불만을 품고 천황을 호위하는 근위사단 포병대가 폭동을 일으켜 49명이 사형을, 100명 이상이 징역형을 선고받은 "타케바시 사건"(竹橋事件)이 있었다.

이런 일련의 사건들을 통해 메이지 정부는 보다 강력한 천황제 이데올로기를 구축하기 위해 여러 정책을 시도한다. 특히 천황교는 종교심으로 배양되는 일종의 사이비 신앙심이기 때문에, "교육"이라는 강력한 세뇌 도구를 당연히 필요로 한다. 따라서 1879년에 "교학성지"(教學聖旨), 1882년에 "군인칙유"가 발표되었고, 이어서 "교육칙어"(1890년)가 공포되어 어린아이부터 군인에 이르기까지 모든 백성을 강력한 천황제 중심 교육으로 세뇌시켰다. 이 세 문건은 형법에 관계되는 것은 아니지만, 그 이상으로 정신적 공포심을 심어주는 것이었다.

(1) 교학성지(教学聖旨, 1879년)[14]

이것은 "서남전쟁"이라는 내란을 겪은 후 천황이 각지를 순례하면서 지방의 현실을 보고 교육 방침을 개선해야겠다고 하여 만들어진 것이다. 1868년 혁명 이후에 천황의 친정은 명목상에 지나지 않았으며, 사실상 삿쵸토히의 유우항 출신들이 정권을 독점하고 있었다. 다음 장에서 이야기를 이어가겠지만, 메이지 유신은 "천황"이 아니라 "천황제 이데올로기"로 강한 일본을 만들려고 했던 혁명가들의 고안이었다.

이런 사실 때문인지 당시 정부와 궁정 사이에는 미묘한 대립 관계가 형성되어 있었다. 메이지 유신 당시에 16세에 지나지 않았던 무츠히토 천황은 정치보다도 화장에 관심이 많았다고 한다. 명확한 정치의식이나 사상 또는 결단력이 부족했던 무츠히토가 조금씩 정치적 감각과 의식을 가지게 되었다. 예를 들어 정한론을 강하게 주장했던 사츠마항 출신의 사이고 다카모리(西郷隆盛, 1828-1877년)가 서남반란을 일으켰을 때 무츠히토는 그에게 동정적이었고 토벌에도 소극적이었다. 물론 이 반란은 진압되었지만, 무츠히토 천황의 이런 태도에 대해 이토 히로부미가 아주 엄한 진언을 할 정도였다고 한다.

그런데 정부의 실력자였던 오오쿠보의 죽음을 계기로 궁정에서 천황친정이 강하게 대두되면서 행정부의 참의(参議)와 궁정 사이에

---

14   이 항목은 다음에서 많이 차용했다. 山口陽一・岩崎孝志・小野静雄・登家勝也・渡辺信夫(著), 『日本とキリスト教の衝突』(いのちのことば社, 2001), 48-50.

는 대립각이 세워졌다. 무츠히토는 천황이 행정부의 우위에 있다고 하면서 천황친정을 실현하여 "성지"(천황의 뜻)가 모든 정책을 결정하는 중심적 기능 역할을 해야 한다고 압박을 가했다. 그는 "내정통치"(內廷統治)를 하는 군주 독재와 같은 통치체제를 바라보았다. 그러나 정부의 실세들은 궁정의 정치 참여에 상당히 부정적이었다. 왜냐하면 "천황친정 운동"은 정부의 근대화 정책을 대체할 만한 구체적인 계획을 제시할 능력이 없었기 때문이다.

사실 이 대립은 궁정파가 "왕정복고"를 통해 정치적·도덕적으로 이상적인 군주로서의 천황을 세우고자 했던 반면에 메이지 정부 혁명가들은 "천황제 국가"라는 제도적 이데올로기를 확립함으로써 강한 나라를 세우고자 했다는 점에서 일어난 충돌이었다. 후자의 입장에서는 천황에게 정치적 능력과 수완은 필요하지 않았다. 천황은 어디까지나 "작위"(作為)였다. 천황 작위론은 앞으로 기술할 "천황기관설"에 이르기까지 어느 정도 흘러왔던 사상이었다. 이런 상황에서 천황에 의해 "교학성지"가 공포되었다. 중간 부분을 인용하면 다음과 같다.

메이지 유신 이후로 예로부터 내려온 관습을 타파하고 세상에 지식을 구하고자 하여 일시적으로 서양의 배울 점을 섭취하여 일신의 효과를 얻었다. 그러나 세상 풍조가 인의충효를 뒤로하고 쓸데없이 서양풍을 배우고자 경쟁하여…결국에는 군신부자의 대의를 모르게 될 것이다. 이것은 우리의 교학 본의가 아니다.…대중지정(大中至正)의 교학을 천하에 널리 펴 우리나라 독자의 정신으로 세상에 부끄럼이 없게 해

야 할 것이다.[15]

천황의 "교학성지"는 교육 정책에 큰 전환점을 가져다주었다. 이것은 교육의 기본 방향을 몸을 다스리는 교육적 덕목주의에 두었으며, 같은 해 이를 보다 구체화시킨 "유학요강"(幼学要綱)이 발표되었다. 이 요강은 효행, 충절, 우애, 신의 등 12항목을 설명하면서 교육의 근간을 충절과 효행으로 삼았다.[16] 이는 많은 사람의 호응과 환영을 받았다. 이에 정부는 1880년에 교육령 개정을 발표하여 교육에 대한 국가의 기준을 명시하고 교육 통제를 보다 강화했다. 자유, 민권, 인권 등의 용어 사용을 금지하고, 문명사관을 철저하게 도려내어 일본의 역사만을 가르치게 했다. 국사 교육의 첫 장을 "기기신화"로 시작하여 신화를 역사적 사실로 만들고 천황 중심의 건국 이념을 심어주면서 천황제 역사관과 국가관의 철저화를 기했다.

교학성지의 발표와 함께 메이지는 천황 작위론을 극복하고 천황 이데올로기의 주역으로 등장하게 되었다. 실제로 교학성지가 발표될 당시에 특히 국가관과 관련하여 궁정과 대립했던 메이지 혁명가들은 완전히 급변했다. 그들은 자신들의 천황제 이데올로기 안에 천황을 실질화시켰다. 그들은 솔선수범하여 1890년에는 천황 중심의 "교육칙어"를 만들어냈다.

---

15 『日本とキリスト教の衝突』, 65.
16 교학성지와 유학요강은 사서오경과 같은 유학의 영향을 많이 받았다. 그러나 일본에서 "유학"(儒学)을 말할 때는 실학이 중심이 된다. 일본에서 근대 사상과 근대 과학의 수용이 가능했던 것은 실학적 유학이 강했기 때문이다.

⑵ 군인칙유(1882년)

식산흥업과 부국강병을 국책으로 삼은 메이지 정부는 1871년 2월 메이지 천황의 친위를 위한다는 명목으로 프랑스식 친위병(10,000명)을 세운 데 이어 육군(쵸슈항이 중심)과 해군(사츠마항이 중심)을 창설했다. 1873년에는 "징병령"이 제정되어 성인 남자에게 병역의 의무가 주어졌다.

그런데 1878년, 천황이 직접 통솔하는 참모본부가 창설되면서 육해군 사령부가 천황 직속의 군대가 되었다. 이때부터 일본 군대는 행정부로부터 독립되어 천황의 군대, 즉 황군(皇軍)이 된 것이다. 천황의 군 통솔권은 이윽고 메이지 헌법에서 명문화되었다.

천황 군대를 격상시키기 위한 노력의 일환으로 1869년에 설립된 도쿄 초혼사(招魂社)는[17] 1879년 메이지 천황의 명령에 의해 내무부, 육군, 해군이 함께 직접 관리하는 "별격관폐사"(別格官幣社) 소속의 "야스쿠니 신사"로 승격되었다.[18] 군사입국(軍事立国)을 최대 목표로 하는 천황제 국가는 나라가 아니라 천황을 위해 죽은 자들을 차별하여 대우했다. 야스쿠니 신사에 관해서는 보충 ⑴을 참조하라.

---

17   "초혼사"는 메이지 유신 전후로 일본 각지에 세워진 신사로서 국가를 위해 순국한 자들을 기리는 곳이었다. 이는 1863년에 시모노세키 전쟁의 전몰자를 기리는 "사쿠라야마 신사(櫻山神社)가 시모노세키에 세워지면서 전국 각처에 세워졌다. 사쿠라야마 신사에는 요시다 쇼인 같은 사람들이 합사되어 있다.

18   메이지 정부는 새롭게 "근대사격제도(近代社格制度)를 만들어 "신사"를 등급화했다. 이는 패전 후에 폐지되었지만, 신사의 급을 정하여 높은 급의 신사에는 높은 사람의 시신이 안치되었다.

여기서 독자들의 이해를 돕기 위해 오늘날에도 중요한 이슈가 되는 야
스쿠니 신사에 관해 간략하게 보충하고자 한다. "야스쿠니"는 靖国이
라고 쓰는데, 이는 "나라를 평안하게 하고 평화의 나라를 만든다"는 뜻
이다. 한자어로 편안할 "정"(靖)을 "야스"라고 읽지만, 평안할 "안"(安)
을 "야스"라고 읽기도 한다. 그래서 "야스쿠니"는 安国이라고 설명되
기도 한다. 위에서 언급했듯이 이 신사는 천황의 명령으로 국가가 직접
관리하는 곳이었다. 여기에는 천황을 위해 싸우다 죽은 자들만이 합사
된다. 예를 들어 삿쵸토히 유우항들의 막부 타도 세력과 막부 옹호 세력
들의 무력 충돌로 전자가 승리했을 때(보신전쟁[戊辰戰爭], 1868-9년), 천
황을 옹호하다 죽은 군인들만을 특별 예우하여 신사에서 초혼제(招魂
祭)를 치렀다. 역으로 전쟁에서 천황을 배반하거나 포로가 되거나 병사
한 사람들, 원자폭탄의 민간 희생자들, 만주 등 외지에서 사망한 국민들
은 합사가 안 된다. "야스쿠니 신사"는 오로지 천황을 위해 죽었는가?를
기준으로 죽음의 차별화를 둔다. 이는 천황을 위해 전사한 군인들을 현
창(顯彰, 밝게 드러내어 기림)함으로써 천황을 위한 죽음에 국가적 인센티
브를 제공한다는 의식을 국민에게 심어주는 것이다. 천황제 원리주의자
를 만들어 침략 전쟁에 국민을 동원하기 위한 미끼로 사용한 것이 야스
쿠니 신사론이다. 사실상 이것은 메이지 정부가 강력한 군국주의 국가
를 만들기 위해 사용한 이데올로기적 장치였다. 그 당시 병사들 사이에
서는 죽어서 꼭 "야스쿠니에서 만나자"라는 말이 일반화되었을 정도
였다. 강한 군국주의 국가를 소원했던 메이지 천황제 국가에게 야스쿠
니 신사는 천황교의 특별한 납골당과 같은 곳이었다.

그런데 문제는 패전한 1945년 이후다. 패전 후 "연합국총사령부"(GHQ)의 종교 정책에 따라서 종교의 자유와 정교분리가 일본국 헌법에 명시되었다. 그럼에도 불구하고 일본은 "야스쿠니 신사"를 통해 "일본이 일으킨 전쟁은 정의의 전쟁이었다"는 정전론(正戰論, Just War Theory)을 국론화하려는 책동을 자행했다. 그들은 "국가호지"를 주장하면서 천황과 수상이 공식 참배를 행할 것을 요구했다. 이런 운동의 일환으로 일본 정부는 야스쿠니 신사를 일반 종교법인이 아니라 국가의 특별 관리를 받는 "국가호지(国家護持)를 위한 위령시설"로 만들고자 "야스쿠니 신사 법안"(1969년)을 국회에 제출했다. 이 법안은 1974년에 이르기까지 몇 번이고 논의되었지만, 결국 심의 미완료로 폐안되었다. 그러나 이런 과정은 전후 세대들에게 야스쿠니 신사가 국가성(国家性)을 가진 특별한 신사라는 의식을 강하게 심어주었다. 야스쿠니 신사에 대한 일본 국민의 정서는 일본 헌법 20조, 89조 등에 명시된 정교분리 원칙을 초월하는 형국이 되었다. 급기야 1985년 8월 15일 나카소네 야스히로(中曾根康弘) 수상이 이웃 나라들의 반대에도 불구하고 패전 후 처음으로 각료들을 대동하고 야스쿠니 공식 참배를 강행했다. 정교분리에 저촉되지 않기 위해 "두 번 절 두 번 박수 한 번 절"((二礼二拍手一礼)이라는 원칙을 바꾸어 한 번 절을 했다는 이해할 수 없는 해프닝까지 벌어졌다.

야스쿠니 신사는 여전히 천황을 위해 죽은 자들만을 제사하는 군국주의의 망령이 그대로 살아 있는 곳이다. 태평양 전쟁을 일으켜 많은 사람을 죽음으로 내몰았던 A급 전범들(아베 수상의 외조부 기시 노부스케 포함)과 아시아 각 지역에서 비인도적인 행패를 일삼았던 천황군들을 참배한다는 것은 그들의 침략성을 깡그리 부정한다는 반증일 뿐만 아니라 일본 제국주의의 침략 전쟁과 그 범죄 행위를 판결했던 도쿄 재판의 결과를 부정하는 시위이기도 하다. 야스쿠니 신사 참배는 그들의 침략 전쟁이 "정전"이었다고 주장하면서 오히려 일본은 원폭으로 피해를 입은 가장 불쌍한 나라이며 평화를 사랑하는 국가라는 의식을 국민에게 심어 주는 위선 행위다.

더욱이 1986년에는 신사 부속 기념관으로 "유취관"(遊就館, 유슈칸)을 재개했는데, 그곳은 일본이 과거에 저지른 침략 전쟁을 미화하고 정당화하는 "야스쿠니사관"(靖国史観)의 중심 센터가 되었다. 유취관은 영령들의 유서, 유품, 당시의 병기 등을 전시한 군사 박물관으로, 다음과 같이 공공연히 선전한다. "대동아전쟁은 우리나라의 자존자위와 인종 평등에 의한 국제질서 구축을 목적으로 했던 전쟁이었다."

아베는 "나라를 위해 순국한 사람에게 존숭의 마음을 표시"했다고 말하지만, 야스쿠니 신사의 합사 기준은 천황을 위해 죽었는가에 있다. 이는 천황을 기준으로 죽은 자를 차별하는 것이다. 그렇기 때문에 전사자나 유족의 의사와 관계없이 강제적으로 합사되었다. 전몰자를 침략 전쟁을 미화하는 도구로 이용하는 것은 사실상 전쟁 희생자들에 대한 모독이다. "천황"이 그들의 죽음이 지닌 가치를 판단하는 기준이 되어서는 안 된다. 물론 이것은 나라가 전쟁에 책임을 지고 보상하는 것과는 또 다른 문제다.

야스쿠니 신사에 대한 공식 참배 추진파는 순국한 영을 기념하고 위무하는 것은 당연한 것이라고 주장한다. 하지만 천황을 위해 죽은 자들만을 천황이 선택적으로 골라내어 합사한 곳이 바로 야스쿠니 신사다. 따라서 야스쿠니 신사에 대한 일본 정부의 공식 참배는 군국주의의 과거를 천황제 이데올로기로 재평가하고 그것으로 일본의 미래를 만들어가겠다는 움직임의 상징이다.

戦前の軍隊による「靖国神社」への集団参拝

전쟁 전, 군인들은 야스쿠니 신사에 집단 참배를 하였다.
https://ameblo.jp/hirai-h/entry-12502623640.html

천황은 천황 군대의 정신교육과 세뇌를 통해 군 통제 강화를 도모했다. 이를 위해 1882년에 "육해군 군인에게 하사하는 칙유", 이른바 "군인칙유"(軍人勅諭)를 발표하여 모든 병사가 암송하도록 했다. 전문은 "우리나라 군대는 영원대대로 천황이 통솔한다"로 시작한다.[19]

---

19   군인칙유는 아직도 일본에서 많은 사람이 읽고 있다. 웹상에서 원문과 현대어로

신무천황이 직접 병사들을 이끌고 이 땅의 모든 자를 정벌하여 전국을 다스리기 시작한 이래로 2천 5백 년이라는 세월이 흘렀으며, "짐은 너희 군인의 대원수"로서 앞으로도 직접 통치하며, 그 통솔권이 천황의 고유성에 있다는 사실을 명기했다. 충절, 예의, 무용, 신의, 검소라는 다섯 덕목을 주문하면서 "충절"에 관해서는 이렇게 말한다. "정론에 유혹되지 말고 정치에 구속되지 말라. 부하는 상관의 명령에 복종하되, 실로 짐이 명령을 내리는 것과 같이 생각하라. 항상 생명을 허비하지 않도록 하라. 그러나 때로는 의를 위해서, 즉 천황과 나라를 위해서 생명을 버리라." 이처럼 천황 군대의 독립성을 강조하면서 천황에 대한 절대 충성을 세뇌시켰다. 그 당시 일본군은 군인칙유가 메이지 헌법 이전에 천황이 직접 하사한 것으로서 헌법에 구속되지 않는 독립성을 가진다고 생각했다.

메이지 천황제 국가는 대정봉환, 판적봉환, 원호 사용, 교학성지, 군인칙유 등으로 이어지는 일련의 조치와 시행을 통해 천황을 정치적 주권자, 군사적 대원수, 종교적 대제사장으로 확인시키면서 "천황제 이데올로기"를 중심으로 식산흥업과 부국강병을 이루는 일본 중심의 세계화를 꿈꾸었다. 메이지 초기에 천황의 입지는 작위적 존재였지만, 이제 그는 스스로 천황제 이데올로기의 주역으로 자리를 꿰차고 앉았다. "대일본 제국 헌법"(1889. 2. 11. 공포; 1890. 11. 29. 시행)은 천황의 신격화를 명시하고 천황의 모든 것을 법제화시킴으로써 천

된 본문을 쉽게 접할 수 있다. 본서가 사용한 원문과 현대어판은 다음 사이트에서 인용한 것이다. https://blog.goo.ne.jp/yshide2004/e/3fad36bd7d9c02fd06147 2a1f38ae5a1.

황제 이데올로기를 국가종교 개념으로 발전시켰다.

6. 국가 통합의 기축으로서의 천황

메이지 유신으로 강한 근대 일본 국가를 형성하기 위해 메이지 혁명가들이 주목한 것은 종교성 짙은 "국가 통합 기축론"이다. 환언하면, 메이지 혁명가들은 국가를 하나로 통합하여 묶어낼 수 있는 강력한 힘을 종교에서 찾고자 했다. 그들은 어디서 이런 발상을 하게 되었을까?

메이지 정부는 1871년에 107명으로 꾸려진 이른바 "이와쿠라 사절단"(岩倉使節団)을 아메리카와 유럽(1871-73년)으로 파견하여 불평등 조약의 개선을 위해 노력하고 무엇보다도 서양 문물을 철저하게 조사하도록 했다. 사절단은 특히 영국의 산업혁명과 독일 프로이센의 부국강병책 등 제국주의적 약육강식의 현실로부터 많은 것을 배우고 돌아온다.

무엇보다도 그들은 헌법의 필요성을 깨닫고 외면적인 개국만이 아니라 뼛속으로부터 진보를 이루어야 한다고 생각했다. 그들은 영국풍의 헌법을 제정하자는 후쿠자와 유키치(福沢諭吉) 같은 재야 민권파의 주장을 뒤로하고 독일풍의 헌법 제정을 구상했다. 더욱이 일본 제국 헌법 제정을 위해 이토 히로부미(1841-1909년)는 1882년부터 다음 해에 이르기까지 독일 오스트리아 빈 대학의 슈타인(Lorenz von Stein, 1815-90년)으로부터 학습하고, 이어서 영국에 약 2개월간 체재하면서 헌법에 관해 공부했을 정도였다. 그리하여 프로이센 왕국과 벨기에 왕국 헌법을 참조하여 일본 제국 헌법을 제정했다고 한다.

이토 히로부미가 헌법 제정을 위한 학습으로 깨달은 것은 강한 일본을 만들기 위해서는 국민을 정신적으로 하나로 묶어낼 수 있는 "국가 통합의 기축"이 필요하다는 점이었다. 그에게 있어 이런 기축 은 단순한 철학이나 사상 또는 교육이 아니라 아주 독성이 강한 종교 여야 했다. 왜냐하면 그는 서구 열강이 산업화와 부국강병을 이루어 강력한 국가가 될 수 있었던 근원적인 이유가 그들에게 유일신적 기 독교 정신이 있었기 때문이라고 판단했기 때문이다. 따라서 그는 일 본이 서구 제국주의 국가처럼 강대국이 되기 위해서는 반드시 모든 국민을 하나로 묶을 수 있는 강력한 유일신적 종교가 필요하다고 생 각했다. 이는 추밀원 원장인 이토 히로부미가 1888년 6월에 헌법 논 의와 제정을 위한 모임의 기조연설에서 명확하게 밝힌 것이다. 조금 길지만 중요성을 고려하여 여기에 옮겨놓는다.

이미 여러분이 알고 계시는 것처럼 금세기에 유럽에는 헌법 정치를 구사하지 않는 나라가 없습니다. 그러나 이것은 역사의 유구한 흐름 가운데 형성된 것으로, 그 맹아(萌芽)는 아주 먼 옛날입니다. 이에 비 해 우리나라에서 이것은 실로 새로운 국면입니다. 따라서 우리는 헌 법을 제정함에 있어 먼저 우리나라의 기축(基軸)이 무엇인지를 확정 하지 않으면 안 됩니다. 기축이 없이 인민들에게 통하지 않는 논의에 정치를 맡기게 된다면, 통솔력을 잃어버리게 될 것이고, 결국 그 국가 는 망하게 될 것입니다. 그러나 만약 국가가 국가로서 생존하고 인민을 통치하려고 한다면, 아주 깊은 숙고를 통해 통치의 효력이 약해지지 않도록 해야 할 것입니다. 사실 유럽에서 헌법 정치가 싹을 틔운 것은 천 년이 훨씬 넘습니다. 따라서 인민들은 이 제도에 아주 습숙(習熟)할 뿐만 아니라, 종교라는 것이 기축이 되어 사람들의 마음 깊은 곳으로 침윤되어 있습니다. 그리하여 사람들의 마음은 항상 여기로 돌아갑니다. 그런데 우리나라에 있는 종교라는 것은 그 힘도 약하고, 적어도 국가의 기축이 될 만한 것이 없습니다. 한때 번성했던 불교는 큰 세력으로 상류 계층이나 하류 사람들의 마음을 붙잡아주었지만, 오늘날에는 쇠약합니다. 신도는 선조가 남겨놓은 가르침에 근거하여 읊조리지만, 종교로서 사람의 마음을 되돌려놓는 힘이 부족합니다. 실로 우리나라에서 기축이 될 수 있는 것은 오로지 황실뿐입니다. 그러므로 이 헌법 초안에는 오로지 이런 점에 유의하여 군주의 권리를 존중하고 이것을 속박하는 것이 없도록 하는 데 힘을 쏟았습니다. 물론 군주의 권리가 강대하여 남용의 위구가 있을 수 있습니다. 이는 일리 있는 문제 제기이지만, 만약 그런 경우가 있다면, 재상(宰相)이 책임을 지면 됩니다. 그 외에도 권력의 남용을 방지하는 길이 없지 않습니다. 남용을 두려워하여 군주의 권리 범위를 축소하려고 한다면, 그것은 도리에 어긋나는 것이라고 말할 수밖에 없습니다. 다시 말해 이 초안은 군주의 권리를 기축으로 하였기에, 그것이 전혀 훼손되지 않도록 했습니다. 그리하여 유럽의 주권 분리 정신에 의하지 않았습니다. 이는 실로 유럽의 많은 국가 제도가 취하고 있는 군주와 인민의 권리가 서로 병존하는 방식과는 전혀 다른 것입니다. 이것이 기안(起案)의 대강입니다. 그 상세한 것에 관하여는 각 조항에 따라서

설명하도록 하겠습니다.[20]

헌법을 제정함에 있어 이토 히로부미가 원했던 것은 사람들 마음 깊숙이 침투하여 국민을 통합할 수 있는 "종교와 같은 기축", 즉 정신적 지주가 될 만한 종교를 명시하는 것이었다. 그에게 있어 기축적 종교가 될 만한 것은 오로지 "황실"뿐이었다. 따라서 그들은 황실, 즉 천황제 이데올로기를 종교화했고, 이를 학자들은 "천황교" 또는 "일본교 그리스도파"라고 비아냥거린 것이다. 여하튼 메이지 유신의 혁명가들은 일본의 유일신교인 천황교의 확립을 원했다. 그래서 "군권"(君権), 즉 천황교의 수장이 되는 천황의 권위는 존중되어야 하고 그것을 "속박"하는 것이 없어야 했다. 따라서 헌법조차도 천황을 속박하는 일이 없도록 한 것이다. 천황은 천황교의 "현인신"이기 때문에 어떤 잘못을 하더라도 벌을 받아서는 안 된다. 신으로서 천황이 "타이켄"(大権, 국회나 정치적 동의 없이 행하는 통치권을 말함)을 행사하는 정치적 구조가 만들어진 것이다. 메이지 헌법이 격조 높은 어구로 치장되었지만, 이는 결국 천황을 무제한적 권한을 가진 이단 천황교 교주의 자리에 합법적으로 올려놓은 것이었다. 이 점이 일본의 근대 입헌군주제가 다른 서구 열강의 군주제와 다른 점이다. 천황은 헌법에 제한을 받지 않는, 헌법을 초월한 군주였다.

1945년 일본이 패전했을 때, GHQ는 천황에게 책임을 묻지 않

---

20   伊藤博文, 『枢密院会議議事録 第1巻』, 東京大学出版社, 1984, 157; 참조. 『現人神から大衆天皇制へ』, 10.

았다. 이는 천황이 잘못을 저지를 수 없는 신과 같은 존재임을 암묵적으로 인정하는 것이었다. 이런 GHQ의 성급한 판단이 전후에도 일본이 침략 전쟁에 대해 사죄하기는커녕 오히려 옛날로 회귀하여 군국주의로 치닫도록 물꼬를 터주었다고 비판받는 것은 당연하다.

7. 천황교의 성립

근대화는 일반적으로 탈종교적 세속화의 과정으로 이해되기도 한다. 그리하여 근대 산업화 과정에서 전통적 종교의 형해화가 일어난다. 그러나 일본의 근대화가 보여준 모습은 사뭇 달랐다. 그들은 왕정을 폐하기보다는 왕정복고를 통해 강력한 제정일치를 추구했으며, 종교권력과 정치권력의 제도적 합체에 의한 신정적(神政的) 종교국가를 형성하려고 했다. 그런데 이 천황제 문제는 일본 안에서도 그렇지만, 이웃 나라들에게는 오늘날에 이르기까지 거대한 골칫덩어리로 남아 있다. 왜냐하면 천황제 이데올로기에 의한 천황교 원리주의가 이웃을 짓밟는 폭력을 행사하기 때문이다. 이런 천황교 원리주의적 사고가 19세기 일본 근대화의 정신적 시발점이었다.

강력한 구심점과 응집력을 가진 일본판 일신교 신앙체제를 확립하여 국가의 원동력으로 삼겠다는 이토 히로부미의 눈에 불교와 신도는 너무 물렀다. 그 당시 후쿠자와 유키치 역시 일본의 기성 종교를 "사원 안의 설교로 머물러 있는 정도"의 것이라고 비판했다.[21] 이 문제에 관해 일본의 경제사회학자이자 평론가인 코무로 나오키 (小室直樹)는 『일본인을 위한 헌법원론』(2006년)에서 다음과 같이 말했다.

메이지 정부가 하려고 했던 것은 기독교의 대체물이 되는 종교를 만들려는 것이었다. 유럽 국가들이 기독교의 힘으로 민주 국가를 만들었듯이, 일본은 일본 고유의 독자적인 종교를 통해 민주 국가가 된다. 이를 위해 취한 행동이 바로 천황의 신격화였다. 역사상 어떤 나라가 자기 나라의 근대화를 이루기 위해 유일신 종교를 만들려고 생각했을까? 이런 나라는 어디에도 없다. 이런 의미에서 메이지 정부가 행한 것은 전무후무한 것이다. 그러나 메이지 정권이 천황을 신격화하지 않고 단순한 제도와 법률만으로 근대화를 행하고자 했다면 어떻게 되었을까? 생각할 필요도 없이 대실패로 끝났을 것이다.…메이지 정부가 천황을 신격화하여 새로운 종교를 만들었다고 앞에서 언급했지만, 그 신종교는 **천황교**라고 불러야 할 것이다.…천황교의 기본적 원리에서 천황은 현인신이다. 따라서 일본은 신국이라는 사상이다.…천황교라는 강력한 일신교다.[22]

---

21 『現人神から大衆天皇制へ』, 10.
22 『일본인을 위한 헌법원론』(집영사 인터내셔널), 387-390, 강조는 덧붙여진 것임; 『現人神から大衆天皇制へ』, 7-8; 폭넓은 지지를 얻기 위해 독일 나치 정권은 민족이론을 강조했다. 즉 게르만 신화에 밀착된 게르만 중심주의를 주장했는데, 고백교회는 이를 "신이교주의"라고 비난했다(雨宮栄一, 『ドイツ教会闘争の史的背景』[日本キリスト教団出版局, 2013], 110).

메이지 정부는 국가 통합의 기축으로 삼을 것이 "황실"밖에 없다고 판단하여 황실을 중심으로 일본판 일신교 종교인 "천황교"를 만들었다. 황실에 관한 신화적인 이야기들을 역사적 사실로 꾸미고 천황제 이데올로기를 기반으로 국가종교인 천황교를 만든 것이다. 이를 통해 모든 국민이 천황교 신자가 되어 유일신 천황을 믿는 신앙으로 국가를 통일시켰다. 천황은 왕인 동시에 신이 되어 "현인신"으로 군림했다. 어떻게 천황이 신이 되는지는 제8항 "다이죠우사이"에서 다룰 것이다. 천황은 "현인신"이기에 일본 국민의 한 사람이 아니다. 천황은 일본 국민인가, 아닌가라는 논쟁이 지금도 진행되는 것에서 알 수 있듯이, 일본인들의 심정에 천황은 국민의 한 사람이 아니라 국민으로 하여금 국민이 되게 하는 존재로 남아 있다.

8. 천황교의 법제화: 대일본 제국 헌법

이제 문제는 "천황"의 신격화를 어떻게 합리화하는가다. 근대적 의미에서 국가의 모든 통치권을 "천황"이 가질 수밖에 없는 이유가 무엇인가라는 문제에 대한 해답을 헌법에 명시하는 과제가 메이지 혁명가들에게 남아 있었다. 앞에서 잠시 언급했지만, 천황 중심의 입헌군주제는 유럽형 입헌군주제와는 다른 결정적인 차이점이 있다. 그것은 천황이 의회나 정부 또는 국민에 의해 군주권의 제약을 받지 않는다는 것이다. 따라서 이것의 타당성을 밝혀서 헌법에 명시하는 일이 남아 있었던 것이다. 프랑스와 프로이센의 법이론에 밝았던 헌법 초안자 이노우에 코와시(井上毅)는 헌법을 초월하는 천황의 통치권에 대한 합법성을 일본 건국신화가 말해주는 천황 조국론(肇国論)에 두었다.

나라를 이룬 천황은 헌법에 속박되지 않는 존재이기 때문에, 헌법은 국민의 결의로부터 나오는 것이 아니라 황실의 유전에 의해 전해져 내려오는 일본인들의 삶의 규칙들을 명문화한 것으로 간주되었다. 즉 일본은 국민(의회)이 헌법을 만드는 것이 아니라 천황이 작성하여 신민(臣民)에게 하사한다는 구조로 되어 있다. 다시 말해 국가의 주권은 국민이 아니라 천황에게 있다. 즉 국민 주권이라는 개념 자체가 없다. 국민의 권리는 천황이 그들에게 하사할 때 비로소 그들이 얻을 수 있는 것이다. 천황은 신이기 때문에, 세상적인 것들이 속박할 수 있는 존재가 아니다. 그들은 이런 내용을 헌법에 명시했다.

보충 (2) 국민 주권

1945년 패전 후 GHQ에 의해 새롭게 만들어진 "일본국 헌법"(1946년)에 비로소 "국민 주권"이라는 용어가 등장한다. 다시 말해서 일본국 헌법에 명기된 국민 주권은 일본 국민들에 의한 결의로 주어진 것이 아니라 GHQ에 의해 주어진 것이다. 따라서 필자는 일본인들이 민주주의적 의미에서 국민 주권을 의식하고 있다고는 판단하지 않는다. 국민의 주권이 "헌법"에 명시되어 있기 때문에 그들은 당연하게 그것을 주장한다고 하지만, 정서적인 의미에서 말하자면 일본은 지금도 국민 주권이 행사되는 국가라고 보기가 쉽지 않다.[23] 그렇기 때문에 우리는 쉽게 "천황제 민주주의" 또는 "일본적 민주주의"라는 말을 듣게 된다. 이는 일본에서는 천황을 중심으로 하는 대가족 국가관이 강하기 때문이다.

"대일본 제국 헌법"은 네 부분으로 구성된다. 첫째는 "황조황종"(황조는 천조대신, 황종은 역대 천황)에게 헌법을 제정했다고 아뢰는 "고문"(告文), 둘째는 신민에 대한 "헌법 발포 칙어", 셋째는 제헌 취지를 요약한 "상론", 그리고 마지막으로 7장 76조로 구성된 "본문"이다.

"고문"은 천황의 "대권"에 관한 것으로, 모든 헌법의 내용은 천조대신으로부터 전수되어 내려온 것들, 즉 건국 이래 황조황종의 유언적 가르침을 명문화한 것이라고 규정한다. 여기서 천황은 "자비롭게 황실전범(皇室典範) 및 헌법을 제정한다"고 명언한다. 헌법보다

---

23   법학자들 가운데는 "오시츠케 헌법론"(押し付け憲法論: 오시츠케는 억지로 하게 하는 것을 뜻함)을 주장하는 이들도 있다. 芦部信喜著·高橋和之補訂, 『憲法(第6版)』(岩波書店, 2015年), 25이하 참조. 1946년 2월 13일, 일본 정부에 "맥아더 헌법 초안"이 제시되었고, 그 후로 여러 번의 심의와 수정을 거쳐 10월 6일에 귀족원에서 가결되었다. 다음날 중의원에서 가결되고 29일에 성립되어 "일본국 헌법"으로 11월 3일에 공포되었다. 법조문상 천황 주권(메이지 헌법)에서 국민 주권(일본국 헌법)으로 이행되었다고 하지만, 군주 주권 헌법이 국민 주권 헌법으로 이행된 것에 대한 문제점이 대두되어 오늘날까지 논의가 진행되고 있다. 그 당시 헌법 심사에 관계했던 위원들은 "맥아더의 강요"에 의한 것이라고, 아니면 "무조건적 항복이라는 상황에서 맥아더가 말하는 대로 할 수밖에 없었다"고 증언한다. 자민당은 이런 의견들을 자신들의 입맛에 맞게 활용하여 헌법 개정에 박차를 가하고 있다. 林尚之, "戦後改憲論と憲法革命", 『立命館大学人文科学研究所紀要』No. 100 (2013. 3), 75-103. 사실상 패전 직후부터 일본 정부와 대다수의 국민은 "대동아전쟁"이 이웃 나라들에 대한 가해자적 범죄 행위라고 거의 생각하지 않는다.

황실전범이 앞자리를 차지한 것은 황실종교가 모든 헌법 위에 있음을 상징적으로 보여준다. 이는 천황이 황조황종에 따라서 헌법을 제정하여 신민(臣民)에게 하사하는 구조다. 따라서 신민의 삶의 권리는 천황에게 속해 있으며, 천황이 그것을 하사할 때 백성은 비로소 자신의 인권을 소유할 수 있다. 이것은 "국민 주권"은 없는, 오로지 천황의 "대권"만을 위한 메이지 헌법이었다. 메이지 헌법 제1조는 천황은 "현인신"(아라히토가미)이라는 표상을 명확하게 드러낸다.

제1조 대일본 제국은 만세일계(万世一系)의 천황이 이를 통치한다.
제2조 황위(皇位)는 세습으로 국회가 의결한 황실전범(皇室典範)이
      정하는 바에 따라 황남자손(皇男子孫)이 이를 계승한다.
제3조 천황은 신성하여 침범할 수 없다.

제1조에 등장하는 "만세일계"는 천황의 신격화를 명문화한 글이다. 이는 일본의 건국신화 『고사기』를 인용한 것으로, 1863년에 초대 천황으로 날조된 가공의 신무천황(神武天皇)으로 시작되는 천황의 정치적 정통성이 천조대신에게 있다는 주장이다. 태양의 여신인 천조대신(아마테라스 오오카미)의 손자로서 천손(天孫)이라고 부르는 "니니기노 미코토"(瓊瓊杵尊)가 할머니의 신칙을 받아 "삼종신기"를 가지고 오늘날의 미야자키현에 강림했다고 한다(天孫降臨 신칙). 신무천황은 니니기노 미코토의 아들이었고, 따라서 천조대신의 손자였다. 그 뒤를 이은 역대 천황들은 현인신으로서 대대손손 변함없이 영원히 이 나라를 다스리기에, 일본은 신의 아들 천황이 다스리는 신국

이다. 제1조에 담겨 있는 사상은 철저한 차별적 논리다. 이는 일본의 우월성에 대한 담보다.

제1조에서 "통치한다"는 표현이 1868년 초안에서는 통치가 아니라 "시라스"(治す)[24]로 나와 있다. 초안자 코와시는 예를 들어 영국 왕은 "군림하되 통치하지 않는다"(The English sovereign reigns, but does not rule)고 설명하지만, 천황의 경우에는 reign도 아니고 rule도 아닌 "시라스"라고 설명했다.[25] 이것은 외국어로 번역될 수 없는 천황의 독특성을 과시하려는 것으로 평가된다. 쉽게 표현하면, 이는 천황의 초법성(超法性)을 강조하면서 군림도 하고 통치도 하겠다는 뜻으로 해석이 가능하다. 따라서 "대일본 제국 헌법"에 나타난 "천황" 개념은 서양의 정복 왕조처럼 군주와 백성 간의 계약에 근거한 것이 아니다. 그렇다고 유교적 덕치에 기초한 것도 아니다. 이 "천황" 개념은 국가 성립의 근원 자체를 천황에 두고 천조대신의 황조황종에 천황의 근원이 있음을 강조하는 것이었다. 따라서 "일본 천황이 행하는 모든 사업의 근원은 천조대신(황조)의 마음을 본받아 하늘로부터 내려와 백성을 다스리는 것이었다."[26] 여기에는 "황남"만이라고 하는 남성 우월주의가 도사리고 있었다. 이는 오늘날 일본 사회의 성차별

---

24 『現人神から大衆天皇制へ』, 52. 일본인 특유의 애매성과 모호성이 그대로 드러난다. 이는 천황이 헌법을 비롯한 모든 것을 초월한 존재라는 것을 반증하는 것이다.

25 메이지 헌법은 영국형(왕실과 정부의 분리)이 아니라 프로이센형(왕실과 정부의 일체화)을 기본 원리로 삼았다.

26 井上毅, 『梧陰存稿』(六合館, 1895)의 "언영"(言霊)편. 『現人神から大衆天皇制へ』, 52에서 재인용.

및 인권 문제로 인한 병폐의 근원이 천황제에 있음을 보여준다.

9. 대상제(大嘗祭: 다이죠우사이)

일본의 패전과 함께 GHQ 종교국이 우선적으로 처리하고자 했던 것은 천황의 신성을 제거하는 작업이었다. 구체적인 사항으로는 국가 신도 체제를 붕괴시키고, "대상제"를 폐지하며, 천황이 신이 아니라는 "인간 선언"을 발표하는 것이었다. 천황은 1946년 1월 1일 "천황의 인간 선언"이라는 칙서를 발표한다.[27] 즉 신화와 전설에 의해 천황이 현인신으로 가공되었다는 사실과 국체론의 근원이 되는 성성(聖性)의 허구성을 발표한 것이다. 그리고 만세일계의 군주로서 천황이 다스리는 일본이기에 자기 민족이 다른 민족보다 우월하다는 민족 우월주의가 가공된 것임을 선포했다.[28] 역으로 말하면, 천황의 "인간 선언"은 천황이 자신과 국민을 속이며 살아왔다는 반증이었다.

그러면 대상제란 무엇인가? 이것은 천황이 현인신이 되어가는 신도적 비의(秘儀)다. 천황이 새로 즉위하면 앞 천황의 복상(服喪) 기간이 끝남과 동시에 점괘(占 또는 卜定[ぼくじょう])로 결정된 전답(悠紀[유키]/主基[스키]의 양전답)[29]에서 수확된 햅쌀로 지은 밥과 술을 황

---

27 때로는 "신일본 건설에 관한 칙서"로 명칭을 바꾸어 부르게 하였다.
28 『現人神から大衆天皇制へ』 자료 "신일본 건설에 관한 칙서", 54.
29 유키와 스키(유키는 도쿄를 중심으로 한 동쪽 지방을, 스키는 서쪽 지방을 뜻함)는 점괘로 결정된다.

조(皇祖)의 영들에게 공양하고(신센[神饌] 의식), 그 영들과 함께 먹고 잠을 잔다(온후스마[御衾] 의식). 이렇게 함으로써 새 천황이 황조의 영들을 수령하여 그들과의 일체화가 일어난다. 이때 새 천황은 천조대신의 손자인 니니기노 미코토(瓊瓊杵尊)로 거듭난다. 즉 "현인신"(現人神, 아라히토가미)이 되는 것이다.[30] 따라서 대상제는 "비합리한 신화를 필요로 하는 천황제" 만들기의 가장 중요한 핵심이다.[31]

대상제는 황실의 전통이라는 관점에서 고대 이후로 시대에 따라 다양하게 치러졌기 때문에 일률적이지 않다. 그러나 위에서 기술한 의식으로 치러진 최초의 대상제는 메이지 천황의 시대에 이루어졌다(1871. 11. 17.). 그 후 황위 계승 제도 등을 규정한 헌법과 함께 황실전범(皇室典範, 1889년)이 제정되어 국가와 종교의 결합이 강화되었고, 종교적 제사장과 통치자로서 천황의 권위는 더욱 강력한 것이 되었다. 그 후 타이쇼(大正)와 쇼와(昭和) 역시 대상제를 치렀다.

문제는 패전으로 GHQ에 의해 황실전범과 함께 대상제가 폐지되었는데, 2년도 채 지나지 않은 1947년에 다시 부활되었다는 것이다. 헤이세이(平成)도 대상제(1990. 11. 21.-22.)를 치렀다. 그리고 지난해 2019년 11월 14-15일, 일본 도쿄의 황거에 설치된 대상궁(大

---

30 매년 가을에 궁중에서 "니이나메사이"가 거행되지만, 새 천황이 즉위한 후에 처음으로 행할 때는 이것을 "다이죠우사이"라고 한다. 그러나 "다이죠우사이"는 중국 대륙과 한반도로부터 전해져 내려온 것으로, 농경문화의 정치 지배 체제와 관련이 있는 것으로 일컬어진다. 이는 곡물의 풍성한 수확(오곡풍요)을 약속하는 제사장이자 왕으로서 새 천황이 신격화되어 통치한다는 종교적·정치적 의미를 가진다. 고대 이래로 여러 형태로 전해져 내려왔지만, 메이지 유신 이후 근대 천황제 국가에서 천황을 "아라히토가미"로 모시는 원점이 되었다.

31 高木博志, 「世界」 2020年 2月号(岩波書店), 57-67(58).

嘗宮)에서 나루히토(德仁)가 신(神)이 되는 의식을 행했다. 그리고 천황 즉위와 관련된 일련의 행사를 잘 치렀다고 보고하는 "신에츠노기"(親謁の儀)를 황조 천조대신을 모신다는 이세신궁(11. 23.) 등에 가서 보고했다. 천황의 신격화는 패전 후에도 한 번도 거른 적이 없이 진행되었다. 즉 일본인들은 스스로 일본이 지금도 현인신인 천황이 다스리는 나라라고 믿고 자랑한다.

천황의 일본 통치에 대한 근거와 정통성이 "천손강림의 신칙"에 있기 때문에, 천황의 중요한 일과는 대제사장으로서 "황조황종"에게 제사를 지내는 일이다. 매일 치르는 제사는 설명하기조차 어려울 정도로 종류가 많다.[32] 황실 제사는 "신도" 방식을 차용한다. 왜냐하면 천황을 "현인신"으로 생각하는 신화는 일본의 신도에서 나왔기 때문이다. 그 전에는 불교의 단가였던 황실이 메이지 유신으로 일신교적 천황교를 만들었고, 그 제사 방식을 신도식으로 순화시켜 이른바 "국가신도"라는 천황교를 만들어낸 것이다.

오늘날 아베의 "강한 일본 되찾기"라는 슬로건의 속셈은 자신의 조상들이 그러했듯이 천황제 이데올로기의 재확립에 있다. 그들은 현행 헌법을 GHQ가 강압적으로 "밀어붙인 헌법"(일명 오시츠케[押し付け] 헌법)이라고 선동하면서 헌법 개정을 요구한다. 그런 노력의 일환으로 "대일본 제국 헌법 백주년", "교육칙어 백주년" 등의 기념행사를 성대하게 치른 것은 그들이 패전 이전에 지녔던 천황제 중

---

32   천황이 매일 치르는 제사와 일과에 대해서는 다음을 참조하라. 松谷好明, 『キリスト者への問い』(一麦出版社, 2018), 25-28.

심의 침략적 군국주의의 망령에 여전히 사로잡혀 있다는 반증이다. 천황은 지금도 일본인들에게 심정적인 "신"으로 존재하기에, 그들은 대상제 폐지를 원하지 않는다. 2019년 통계에 따르면, 일본 국민의 80퍼센트 이상이 천황에 친근감을 느낀다고 한다(「每日新聞」, 2019. 5. 2.). 대상제를 치르기 위해 하룻밤에 27억 엔의 세금을 사용해도 국민들은 전혀 반대하지 않는다. 헌법의 정교분리 원칙을 범하는 것조차도 문제 삼지 않는다. 현행 헌법은 천황을 단순히 일본을 하나로 묶는 상징적 존재로서 규정하지만, 그 내면을 보면 천황은 "상징"이 아니라 심정적 실재로서 존재한다.

일본에서는 왜 촛불 혁명과 같은 것이 일어나지 않는가라는 소박한 의문을 던지는 이들이 있다. 이런 질문에 일본인들은 이렇게 답한다. 천황이 있는 나라는 그가 보호하고 다스리기 때문에, 신민들은 소란을 피워서는 안 된다고 말이다.

그러나 기독교인들에게 대상제는 "다른 신들을 네게 두지 말라"는 십계명의 제1계명을 어기는 범죄 행위다. "이러한 일은 우리의 본보기가 되어 우리로 하여금 그들이 악을 즐겨 한 것 같이 즐겨 하는 자가 되지 않게 하려 함이니, 그들 가운데 어떤 사람들과 같이 너희는 우상숭배하는 자가 되지 말라"(고전 10:6-7). (상세하게 다룰 수는 없지만, 상징제 천황제에 대한 이하의 설명을 참조하라.)

패전 후 GHQ는 전쟁에 대한 책임을 천황에게 묻지 않았다. 신헌법 제 1조에서 천황은 "일본국의 상징이자 일본 국민 통합의 상징"으로서 자리매김하는데, 이는 "주권을 가진 일본 국민의 총의"다. 제4조에서 천황은 "국정에 관한 기능을 가지지 않는다"라고 규정된다. 천황에 관한 조항은 제8조에까지 이른다. 즉 신헌법 제1-8조로 대표되는 것이 상징제 천황제다. 헌법의 첫머리에 가장 중요한 국민, 입헌, 민주, 평화주의는 찾아볼 수 없다. 이것 자체만으로도 상징제 천황제가 가지고 있는 위험성을 읽어내기에 충분하다. 그럼에도 민주주의를 표방한다는 신헌법은 결국 "상징제 천황제"와 "민주적 주권 재민"이라는 두 개의 원리가 서로 대립하는 긴장관계를 가진다고 말해야 옳을 것이다. 결국 이런 긴장관계는 외부 사람들로 하여금 "천황제 민주주의"라는 기이한 용어를 만들어내도록 했다.[34] 신헌법이 만들어낸 "천황제 민주주의"란 결국 "타협의 산물"이며, "모순된 원리의 결합"이다.[35] 패전 후에 태어난 세대들은 이런 모순된 원리를 타협적 진리로 받아들인 채 천황제 민주주의를 진정한 민주주의로 착각하며 살아가고 있다. 그리하여 현대 일본인들은 천황제에 관한 비판적 시각을 가지지 못한다. 기독교인들조차 천황제를 더 이상 문제 삼지 않으려고 한다. 왜냐하면 여기에 "상징" 그 이상의 의

---

33   이 부분은 다음에서 많은 은혜를 입었다. 『現人神から大衆天皇制へ』; 松谷好明, "象徵天皇制と日本の将来の選択", 『聖学院大学総合研究所紀要』No. 44. 49-67.

34   John Dower, *Embracing Defeat: Japan in the Wake of World War II* (New York: W. W. Norton & Campany, 1999), 277-345. 『現人神から大衆天皇制へ』, 313에서 재인용.

35   『現人神から大衆天皇制へ』, 315.

미가 없다고 생각하기 때문이다.

그러나 천황은 여전히 헌법 제1조에 자리하고 있으며, 황실신도에 근거하여 신성한 예언자, 제사장, 왕으로서 존재한다. 표면적으로는 "상징 천황제"이지만, 심정적으로는 여전히 "신권 천황제"가 일본인을 정신적으로 지배하고 있다. 천황이 교체될 때 황실 제사(국가신도)라는 종교 의식으로 모든 예식이 치러진다. 따라서 모든 황실 제사의 대전제는 천황이 신적 존재라는 것에 있다.

천황제가 여전히 일본 국민들을 현혹시키는 것은 GHQ가 천황의 기능을 인정했기 때문이다. 법학자 오쿠히라 야스히로(奧平康弘)는 일본이 무조건 항복하면서 패전했을 때 이제는 천황제가 폐지되고 이 나라에 공화국이 들어선다는 꿈을 꾸었다고 한다. 그런데 그렇게 되지 않았다. 그는 이 천재일우의 기회를 살려서 천황제를 폐절시키지 못한 것에 대한 원통의 의식을 끝까지 지녔다고 한다.[36] 한국, 미국, 중국, 영국 등이 천황제 폐지를 주장했지만, GHQ와 미 국무성이 일본을 효과적으로 점령하기 위해 일본의 침략적 군국주의의 원동력이었던 "국체호지"(国体護持)를 인정했다. 그 뜻은 천황의 신격화를 묵인했다는 것이다. 실로 "야스쿠니 문제", "새 교과서 문제", 궁정 삼전(三殿: 賢所, 皇靈殿, 神殿) 제사, 이세신궁(伊勢神宮) 참배, "원호" 사용에 의한 황국사관 견지, 남자만 왕위 계승이 가능하다는 남녀 성차별, 민족 우월주의, "기미가요"와 "히노마루"에 대한 강제성은 천황의 존재 이유를 확연하게 드러내는 종교적 행사이자 강요다. 특히 2012년에 성립된 아베 내각

---

36 奧平康弘 · 愛敬浩二 · 青井未帆(編), 『改憲の何か問題か』(岩波書店, 2013), 57.

의 "국가신도 부흥"을 향한 움직임은 더욱 거세지고 있다. "신권 천황제"보다 패전 후의 "상징 천황제"가 오히려 최고 형태라는 학자들의 주장은 오늘날의 천황제가 심상치 않음을 경고하는 메시지일지도 모른다.

10. 황국사관 세우기

기독교를 모방하여 일신교적 천황교를 만들어낸 메이지 정부는 더 나아가 천황을 역사와 도덕 윤리의 중심에 두고자 하는 역사관 확립을 시도한다. 상술했듯이 "교학성지"를 통해 모든 교육의 목적을 "존황애국의 지기(志気)를 양성함"에 두었다. 학교에서는 세계사가 폐지되었고, "건국의 체제, 신무천황의 즉위"에서 시작되는 천황을 중심으로 엮은 국사만을 가르치도록 했다.

1883년에는 국학자와 미토학자들이 중심이 되어 사학협회를 결성하여 황국사관의 이론화에 박차를 가했다. 그들이 추구했던 것은 첫째로 일본 건국의 특수성을 강조하는 것이었다. 즉 그들은 천황 통치권의 정통성을 신화로부터 엮어냈다. 둘째로 그들이 강조한 것은 천황과 백성의 관계는 계약관계가 아니라 철저한 군신관계이며 오로지 천황을 매개로 국가에 충성해야 한다는 주장이었다. 마지막으로 일본은 천조대신에 의해 시작된 신국(神国)으로서 다른 민족에 비해 가장 우수하다는 민족 우월주의가 강조되었다. 이런 황국사관은 사학협회가 "기기신화"(記紀神話)를 절대시하고 비신화화하여 역사적 "사실"로 받아들여 유학적 관점으로 재해석한 것이다. 황국사관은 『대일본사』(1906년)의 완성으로 명백하게 드러났다.

황국사관 형성에 적지 않은 영향을 끼친 것은 독일 역사학 연구다. 메이지 정부는 독일 지향적이었다. "독일학협의회"(1876년)는 프랑스대혁명의 원인을 프랑스 국민을 잘못으로 빠지게 했던 윤리관과 도덕의 퇴폐로 보았다. 그 당시 독일의 국가론은 천부인권론을 비판하며, 혁명과 진보에 대한 불신과 경계가 이론화되어 형성되었다. 독일 국가론의 특징은 국가를 구성하는 주체를 "국민"이 아니라, 게르만 신화를 근거로 한 "민족 중심"으로 바라보는 것이다. 실제로 독일과 이탈리아의 통일 과정에서 큰 요인으로 작용했던 것은 민족이었으며, 이것은 결국 내셔널리즘으로 이론화되었다. 그 안에 내재된 역사 인식은 각 민족이 소유하고 있는 고유한 민족적 특성만이 그 민족이 국민 국가로 발전함에 있어 기초가 될 수 있다는 민족(종족) 우월주의였다. 이로써 결국 "정치적 능력"을 가진 민족만이 국가를 형성할 자격이 있다는 주장이 확립된다. 독일의 이런 민족주의적 국가관에 그 당시 일본 역사학자들이 공감했던 것이다.

일본 황국사관을 가지고 천황교적인 신학화 작업을 했던 중심 인물은 히라이즈미 키요시(平泉澄, 1895-1984년)다. 그는 일본 황국사관의 확립을 위한 학문적 작업으로 레오폴트 폰 랑케(Leopold von Ranke)의 『강국론』을 참고했다. 그리고 그는 랑케의 책을 일본에 소개한 도쿄제국대학 사학과 교수인 루드비히 리스(Ludwig Riess, 1861-1928년)와 프리드리히 마이네케(Friedrich Meinecke, 1862-1954년)를 통한 "국가이성의 이념"과 트뢸치의 역사주의에 매료되어 보다 강력한 황국사관을 세워갔다.

그 당시의 일본은 서구 유럽의 모든 학문을 폭식하듯이 흡입했지만, 서구 유럽에서 모든 학문의 기초가 되었던 기독교 신학만큼은 유일하게 받아들이지 않았다. 그럼에도 불구하고 히라이즈미는 기독교 신학의 학문적 성격, 적어도 역사학과 신학의 관계성에 강한 관심을 가졌다. 이는 일본 역사를 신학화하고 국민 신앙의 원천으로서 "국사"를 구축하여 국사의 섭리적 실증 작업의 재료로 사용하기 위해서였다. 히라이즈미는 섭리에 대한 기독교적 이해를 황국사관에 투사시켰다. 즉 신적 섭리가 천황을 통해 역사 속에 구현된 것이 일본 역사이며, 일본은 신에 의해 선택받은 신국으로서 세상에 빛을 비춰야 하는 역사적 사명을 지닌다는 것이다. 이와 같이 날조된 황국사관은 "일본인의 국민생활과 사회의 중심이자 사상적 귀착점으로서 또한 일본 역사의 영원성을 보유한 자로서 만세일계의 천황이 있다"는 역사관이다.[37] 천황은 제도에 의해 세워진 존재가 아니라 예로부터 일본 민족의 역사 속에서 함께했기 때문에, 일본이 존재하는 한 일본인의 생활과 의식 가운데 천황이 항상 존재한다고 믿는 황국사관은 철저한 교육을 통해 일본인들에게 심겼다.

---

37   https://repository.kulib.kyoto-u.ac.jp/dspace/bitstream/2433/74758/1/
asia7kikukawa.pdf. 60.

11. 교육칙어(1890년)

상술한 것들을 간략히 정렬하면 왕정복고, 대정봉환, 원호 도입, 교학성지, 군인칙유, 야스쿠니 신사, 천황교, 메이지 헌법, 그리고 황국사관 등이다. 천황제 이데올로기 확립을 위한 메이지 정부의 이런 변화무쌍한 흐름을 백성들이 보다 실제적으로 체감하도록 만들기 위해서는 특단의 조치가 필요했다.

소급하여 "교학성지"(1879년)가 발표되었을 때, 중앙 정부보다 지방 장관들이 더욱 환영했다는 사실에 주목할 필요가 있다. 이때는 일본에 처음으로 개신교 교회(1872년)가 세워진 지 약 10년이 되었을 때였다. 개항 이후 서양 문물에 관심이 많았던 일본 백성들 가운데 이미 자유민권파가 형성되어 있었는데, 그들이 가장 우려한 것이 바로 기독교였다. 지방장관 회의(1879년)에서는 다음과 같은 주장들이 논의되었다. "이것(기독교)을 방지하기 위해서는 종래의 종교를 가르쳐 백성들을 교도한다면 큰 도움이 될것이다."[38] 서구화와 기독교는 미풍양속을 저해하는 것으로 여겨져 그에 대한 경계심과 적개심이 만만치 않았다. 이런 상황 속에서 1890년 지방장관 회의가 개최되었고, 천황이 육해군을 직접 통솔하듯이(군인칙유) 국민의 교육 문제도 직접 지도하도록 하는 천황 통수권을 정부에 요구했다. 그리하여 천

---

38 『日本とキリスト教の衝突』, 54; 일본 기독교 역사에서 그나마 교회가 사회와 국가에 대해 소리를 냈던 시절이 이때였다. 그러나 교회는 점점 소극적이 되어 갔고, 나중에는 아예 입을 닫는 것으로 끝내지 않고 동조하고 편승하여 침략 전쟁을 기독교로 선전하는 교회로 타락해간다.

황교의 형식 원리라고 할 수 있는 "교육에 관한 칙어"(교육칙어)가 발표되었다(1890. 11.). 헌법 초안은 이노우에 코와시가 작성했다.

"교육칙어"는 황조로부터 내려오는 황조황종의 가르침에 일본 교육의 근본을 두며, 따라서 일본은 천황과 그 황조들이 보여주는 "덕"을 실현하기 위해 세워진 특별한 나라이기 때문에(万邦無比[만방무비]), 이 이념을 기초로 확립되어야 한다는 교육 실천이었다. 이를 통해 황조신이 하사한 일본이라는 특별한 가치를 이웃 나라들에도 잘 가르쳐서 따르게 해야 한다고까지 세뇌시켰다. 예를 들어 메이지 정부는 최초의 대외 전쟁이었던 청일전쟁(1894-1895년)에서 승리를 거두자 비문명의 아시아 국가에 대해 문명국가인 일본이 승리했다고 과시하면서 서구 열강에 대한 열등감을 일소했다. 더욱이 그들에게 이것은 침략 전쟁이 아니라, 일본에 과잉으로 보존된 문명이 아직 그 은택을 입지 못하고 있는 미개한 나라로 흘러 들어가는 것과 같은 "자연의 도정"이었다.[39] 이는 세계 어느 나라와도 비교할 수 없는 천황이 다스리는 유일한 민족이라는 "만방무비"의 국체론에 근거한 천하통일주의였다.

"교육칙어"의 기본적 이념은 멸사봉공(滅私奉公)이다. 이는 한 인간의 고유성과 개인성을 전체적 공공성 안에 교묘하게 녹아들게 하여 자기 동일화를 일으키면서 공을 세워가는 윤리학이다. 즉 "無가 有(없음이 있음)라는 모순적 자기동일"이다.[40] 예를 들면 일본은 "예

---

39 오노 시즈오, 『일본의 정신과 기독교』 하권 (하영인, 2020 근간), 46.
40 塚田理, 『天皇制下のキリスト教』(新教出版社, 1981), 324.

식"과 "행사"를 아주 중요하게 취급한다.[41] 예식이란 조례, 입학식, 졸업식, 입사식 등을 말한다. 이런 예식을 통해 개인을 그 전체 안에서 희석시킴으로써 획일화된 강한 전체성을 만들어낸다. 그러나 동시에 "행사"를 중요시하여, 그 전체성 안에서 경쟁을 치르게 한다. 운동회와 같은 것은 "경쟁 원리"로 이루어진다. 획일화와 경쟁 원리는 서로 모순되는 것 같지만, 이 둘이 모순됨이 없이 공존 가능한 사회가 바로 일본이다. 획일화 원리에 입각하여 천황의 뜻에 따라 전체화를 이루고(일군만민[一君万民]), 동시에 그 전체 안에서 천황을 위한 멸사봉공적 개인 경쟁이 이루어진다. 여기에 입신 출세주의의 정당성이 존재한다. 이런 의미에서 교육칙어적 인간론은 천황교 원리주의자를 만들어내는 실천적 교리와도 같다.

이런 광신적 낌새는 이것의 작성자가 "칙유"(勅諭)가 아니라 "칙어"(勅語)라는 단어를 사용했다는 점에서도 드러난다. "諭"가 사용되지 않은 것은 천황이 국민을 직접 깨우치고 교화시키는 주체가 아니라는 의미를 가진다. "語"를 사용한 것은 "진정한 왕의 말씀이 (국민에게) 체화된 것"으로 존재한다는 뜻이다.[42] 따라서 이것은 천황의 분신과도 같은 것이기 때문에, 이것을 받음에 있어서는 모든 예를 다하여 엄숙하고 진중한 예식으로 받아야 했다. 제2부에서 설명하겠지만, 우찌무라 간조(內村鑑三)의 불경 사건은 교육칙어가 가지는 신성성의 문제로 야기된 것이다. 교육칙어는 천황교의 철저한 주입식

41   『일본의 정신과 기독교』, 163-164.
42   "真成なる王言の体", 『現人神から大衆天皇制へ』, 59.

교육으로, 국가종교 윤리의 기준을 제시한 것으로서 법적 구속력은 없다. 그러나 이는 헌법 위에 군림하는 현인신의 친서이며 분신과도 같은 것이기 때문에 고도의 정신적 구속력을 지닌다. 이것으로 일본에서의 "이단과 정통"이 가늠되었다.

따라서 "메이지 헌법"과 "교육칙어"를 통해 천황을 절대 통치자, 전권을 가진 현인신으로 규정하여 천황숭배를 국민도덕의 근간으로 삼았다. 다른 한편으로 "교육칙어"를 통해 신국 일본은 황조에서 시작되는 동족적 연합체라는 이론, 즉 국가를 거대한 하나의 집으로 간주함으로써 황실을 그 총본가로 하는 대가족 질서의 국가를 형성한다는 국체론을 발전시킨다.[43] 국체론은 천황교의 내용 원리와도 같다.

보충 (4) 국체(国体)

황국사관, 교육칙어, 국가신도, 국체론 등은 천황교의 종교적 이데올로기가 지닌 다양한 속성을 표현하는 것이다. 특히 1930년대 쇼와 파시즘이 되면서 "국체론"은 보다 강력한 종교 사상적 강령으로 나타나 군국주의의 광기를 내뿜는 정신적 모판이 되었다. 아래의 인용문은 1930년대 일본 문부성이 "국체"에 대해 설명한 글이다.

대일본 제국은 만세일계 천황황조의 신칙을 받들어 영원히 이것으로

43　국체(国体)와 신민(臣民)이라는 용어는 메이지 시대가 시작되면서 만들어진 조어(造語)다. 『日本とキリスト教の衝突』, 57.

통치되는 나라다. 이것이야말로 우리의 만고불변의 국체다. 이 대의에 근거하여 일대가족국가(一大家族国家)로서 억조일심성지(億兆一心聖旨: 천황의 거룩한 뜻)를 온몸으로 섬기고, 다투어 충효의 미덕을 발휘해야 한다. 이것이야말로 우리 국체의 정화(精華, 진수)가 되는 점이다. 이 국체는 우리나라의 영원불변의 대본(大本, 근본)이며, 역사를 관통하여 빛나는 광휘다. 이것은 국가의 발전과 함께 점점 견고하여져서 하늘과 땅(天壤)과 같이 무궁하다. 우리는 무엇보다도 우리나라 조국(肇国, 건국)의 모든 것 가운데 이 근본이 어떻게 생생하게 살아 빛났는지 알지 않으면 안 된다.[44]

국체론은 천황에 대해 메이지 헌법이 기술한 내용을 종교 이념적으로 재구성한 것이다. 이는 크게 세 가지로 생각할 수 있다. 첫째, 천황의 신성에 대한 강조와, 그가 다스리기에 일본은 다른 민족에 비해 우월하다는 우월주의적 신국사상(神国思想)이다. 둘째, 일본은 천황을 종가로 하는 대가족 국가이기에 현인신 천황을 중심으로 한 몸 한뜻이 되어야 한다는 존황사상(尊皇思想)이다. 셋째, 천황에 융합된 일본인들의 고유한 정신, 즉 천황의 신민으로서 천황을 위해 충절의 정신을 불태우는 야마토다마시이(大和魂: 일본 고유의 정신)다. 따라서 국체는 일본인들의 윤리적·종교적 가늠자 역할을 한다. 이 내용 원리에 세뇌당한 일본인들은 그런 윤리를 실천하는 것이야말로 삶의 본질이며 각자의 의무를 완

---

44 文部省, 『国体の本意』(文部省, 1937) http://www2.iwakimu.ac.jp/~moriyuki/sjr/09/kokutai.html; "국체명징운동"(1935)으로 등장한 "국체" 개념은 쇼와 파시즘을 보다 사납게 몰아갈 수 있도록 정신적으로 부채질했다.

수하는 것이라고 믿었고, 그 가운데서 삶의 확신을 얻었다. 군주(천황)와 신민은 한 몸이기에 결코 대립이 있을 수 없다. 사람들이 이를 "국체 컬트", 사이비 종교라고 비꼬는 이유가 여기에 있다.[45] 일본은 천황을 제 사장으로 하는 국가신앙 공동체다. 이런 의미에서 일본 제국의 만행은 국체 교리에 세뇌당한 천황교 원리주의자 광신도들이 벌인 굿판과도 같다. 국체 컬트 신앙심은 중독성이 강해 심각한 정신적 장애를 일으켰고 지금도 일본을 지배하는 근간이 되고 있다.

12. 국가신도 확립

메이지 유신의 두 기둥인 식산흥업과 부국강병이 보다 강화되어 국방국가를 전적으로 지향하게 되는 것은 러일전쟁(1904-1905년) 이후이며, 제1차 세계대전을 전후로 더욱 강화되었다. 국방력 강화는 당연히 국가 구상의 변화로 이어졌다. 가장 큰 변화는 신민사상 교육에 대한 강화였다. 당연히 신민 교육은 종교적인 의미와 연결되어 나타나는데, 그것이 "국가신도"다. 그렇다면 국가신도란 무엇인가?

　일반적으로 일본의 대표적 종교를 신도(神道)라고 한다. 신도는 창시자도 없으며, 경전이나 구체적인 가르침도 없다. 기본적으로 일

45　William P. Woodard, 『天皇と神道 - GHQの宗教政策』(サイマル出版会, 1988), 8, 14; 당시 나치당이 구상했던 독일의 이상적인 모습과 비교하면 흥미롭다. 그들은 유일한 지도자(Führer)가 지도자 원리가 되어 통일적으로 함께 살고, 통일적으로 하나로 생각하는 민족공동체(Volksgemeinschaft)를 만들고자 했다. 일본은 유일한 정치지배원리인 천황을 중심으로 대가족공동체를 바라보았다.

본신화와 자연현상 등에 기초한, 애니미즘적이며 조상숭배적인 일본의 토속 종교로 알려져 있다. 오늘날의 신도는 특히 각 지역의 신들을 제사하며 그들과의 관계성을 중시한다. 신사(神社, 진쟈)는 그런 신들을 제사하는 곳이다. 전국의 신사들은 신사본청(행정기관이 아니라 종교법인)이 통괄하고 있다.

쇼토쿠 태자(聖德太子, 574-622년)가 불교를 국가 종교로 인정한 이후로 전통 종교였던 신도와, 이전에 유입된 유교, 도교 및 여러 주술 등이 오랫동안 서로 습합된 상태로 존속해왔다. 예를 들면 스님이 신사를 관리하기도 했으며, 신사가 사찰과 붙어 있어 신사에 불상이 있는 경우도 있었다. 사실 "곤겐"(권현[權現])이라 하여, 부처나 보살이 일본의 신으로 모습을 바꾸어 나타난다는 믿음도 있을 정도였다. 그런데 에도 중기부터 불교나 유교 등 외국 종교와 학문에 의해 일본의 정통적 정신과 종교가 침해되었다는 국학의 주장으로 인해 신도가 주목받기 시작했다. 메이지 정부(1868년)는 처음부터 정치를 담당하는 태정관(大政官)과 제사를 관장하는 신기관(神祇官; 신기란 하늘신과 땅 신을 말함)만을 두었다.[46] 신기관은 ① 제정일치(祭政一致), ② 신불분리(神仏分離: 신도 신과 불교 신의 습합 금지), ③ 대교선포(大教宣布)[47]에 집중했다. 그리하여 1871년에 "사사령"(社寺領)을 발표하고

---

[46] 그러나 서구 열강이 지속적으로 종교의 자유를 요구했기 때문에 메이지 정부는 1871년에 신기관을 신기소(神祇省)로 격하하고 1872년에 폐지한다. 신기란 하늘 신(神)과 땅 신(祇)을 의미하는 것으로, 신기관은 하늘과 땅을 총괄하는 천조대신의 황실 제사를 관장하는 기관이었다.

[47] "대교선포"는 삼조교헌(三条教憲: 애신 애국의 정신, 천리인도를 밝힘, 황상을 겸손하게 섬기고 왕의 뜻을 준수함)에 기초하여 천황이 나라의 중심이며 일본은

신불분리를 통해 불교와의 습합을 종식시켰으며, 동년에 관국폐사 (官国幣社) 정책을 통해 국가가 제사를 관할하고 신관을 임명하는 신사를 세웠다. 또한 사격(社格) 제도를 도입하여 이세신궁(伊勢神宮)을 본종(本宗)으로 하여 신사를 등급화했다.[48] 이는 천황과 관계가 깊은 신사로부터 낮은 순으로 등급을 매긴 것이다. 더욱이 1906년에는 신사합사령(神社合祀令)을 발포함으로써 저속하고 천하며 음탕하고 수상한 신사들을 폐지하거나 통폐합시켜 전국의 신사를 정리하고 체계화하면서 이른바 "신사신도"에서 "국가신도"로의 변환이 일어나기 시작했다. 이는 신사신도와 황실신도를 융합한 것으로, 황실 제사를 준비하기 위해 신궁신사의 제사를 정점으로 성립한 것이다. 그리고 이것을 중심으로 마을마다 신사를 하나씩 세움으로써 국가신도의 체계화를 이루었다. 그리고 그 마을의 신사가 각 마을의 씨족신 (氏神 또는 토신)을 제사하고 더 나아가 그 마을의 각 가정에서 태어난 장남(우지코[氏子]: 그 씨족신의 보호 아래 태어난 자)을 신사에 올려서 이를 지방 행정 구조의 기반으로 삼았다. 그러므로 "국가신도"는 황실 제사가 신사신도와 결합하여 생겨난 국가종교다.

그러나 메이지 정부가 만들기 시작한 국가종교로서의 "국가신도"는 기독교는 물론 불교 측으로부터도 "정교분리" 원칙에 어긋나는 것이라는 공격을 받았다. 이런 공격에 대해 일본 제국이 언급하

신국이라는 사실을 국민들에게 교육하고자 했던 운동을 말한다.

48   신사 등급 가운데 가장 높은 것이 이세신궁(神宮, 진구)이다. 이 등급 제도는 1946년에 폐지되지만, 신궁은 남아 있다. 한국인들도 이곳에 많이 간다고 하니 참 씁쓸하다.

기 시작한 것이 "신사비종교론"이었다.[49] 신도는 황실의 정치와 교육으로서 유신(惟神[칸나가라]: 신의 뜻)의 길이기 때문에 종교가 아니라는 것이다. 메이지 정부는 신도를 종교로부터 독립시켜서 국가 제사로 규정하여 내무성의 관리하에 두었다. 이것은 두말할 나위 없이 국내적으로 "천황교"를 세워 국가 통합의 기축 역할을 담당하게 하고, 외부적으로는 서구 제국주의 국가들처럼 일본도 정교분리 국가임을 과시하기 위한 장치였다.

그런데 1910-20년대가 되면서 일본 제국은 보다 강력하게 국방정책을 취하면서 신민정신 교육에 힘을 쏟는다. 이때부터 노골적으로 신사참배 강요가 일어나기 시작했는데, 치안유지법(1925년)이라는 법적 장치로 보다 악랄하게 종교와 사상을 탄압하면서 신사참배를 강요했다. 1920년대가 되면 쇼와 파시즘은 "신사비종교화"를 명확하게 명시하면서, 신사참배는 종교가 아니라 천황의 신민으로서반드시 해야 하는 "의무"라고 떠들게 되었다. 제2부에 등장하는 일본 기독교단 총리 토미타 미츠루는 이런 논리를 가지고 조선예수교장로회를 방문했다.

국민적 일체감을 가장 잘 고조시킬 수 있는 것은 "전쟁"이다. 그 당시 일본의 첫 대외 전쟁이었던 청일전쟁에 대한 일반인들의 생각

---

49   "신사비종교론"이 명료하게 출현하기 시작한 것은 1910년대부터였다. 신사참배가 신민의 의무라고 주장하기 시작한 것이다. 1920년대에는 정부가 명확하게 "신사비종교론"을 주장하게 된다. 그러나 이미 1882년에 메이지 정부는 신사가 종교가 아님을 보여주기 위해, 신사의 칸누시(神主, 신쇼크[神職], 신관[神官] 등은 동의어로 신사에서 제사 지내는 책임자)는 장례식을 치를 수 없다고 규정했다. 오늘날에도 신사에서는 장례식을 치르지 않는다.

은 전쟁에 대한 비참성을 기억하면서도 오히려 전쟁으로 부자가 되고 부국강병이 빨리 이루어진다는 인식이 강했다. 전쟁은 결코 나쁜 것이 아니라 오히려 국민들의 생활을 편하게 만들어주고 미개한 나라들을 개명시켜준다는 민족 우월주의적 정전론으로 이해되었다. 이런 분위기 조성과 멸사봉공에 의해 공(公)을 위한 개(個)가 우선시되는 국가제일주의를 종교적으로 몰아부치며 강요했던 것이 신사참배였다.

천황제 이데올로기 체제가 포괄적인 의미에서 천황교라고 한다면, 그 천황교의 교주인 천황이 대제사장으로서 황조신을 제사하는 것이 "국가신도"라고 할 수 있다. 따라서 천황과 황조신의 숭배를 통한 국가주의 사상이 그 중요한 신앙이 된다. 이런 의미에서 국가신도는 지독하게 종교적인 이데올로기로 똘똘 뭉친 "컬트"(cult)적 국민종교였다. 일본 신민들은 어릴 적부터 교실에 걸린 천황의 사진 앞에서 천황에 대한 충성을 다짐하고 일본의 만방무비성에 세뇌당하면서 죽음도 불사하는 국가신도 원리주의자가 되어갔던 것이다. "국가신도"가 보여준 종교적 폭력의 악랄성은 패전 후 "신도지령"(1945년)에 의해 폐지되었다. "국가신도는 근대 천황제 국가가 만든 국가종교로서, 메이지 유신에서 태평양전쟁의 패전에 이르기까지 약 80년간 일본인을 정신적으로 지배했던" 컬트 종교였다.

13. 신사참배의 시작

메이지 정부는 "국가신도"의 비종교론을 주장하면서 1889년에는 문부성 훈령 12호에 의해 모든 학교에서 종교교육을 금지시켰다. 이제 신도는 종교가 아닌 것이 되었고, 일본 윤리와 정신의 기초가 되는 교육을 보다 종교적으로 강화시키는 역할을 하게 되었다. 사실상 "교육칙어"는 국가신도(천황교)의 실천적 교전(教典) 역할을 하기에 충분했다.

교육칙어와 함께 "신사참배"는 천황과 그 통치에 충성하고 애국하게 만드는 실천교육이었다. 따라서 학교들은 신사참배를 하나의 학교 행사로서 치렀다. 처음에는 지방에서 자발적으로 진행되었던 것이 1891년에 이르러서는 "소학교 축일 대제사일 예식 규정"이 공포되면서 충군애국 신민을 양성하기 위한 교육적 행사로서 모든 학교에서 실시되었다. 신사참배는 황조황종의 유훈을 존중 숭배하고 그것을 몸으로 드러낸 체현자(体現者) 천황에 대해 신민으로서 충성을 다할 것을 맹세한다는, 신민의 제일 의무를 지켜내기 위한 천황에 대한 고백적 행위였다.

천황제 파시즘의 역사에서 신사참배가 구체적이고 적극적으로 강요되어 시행되기 시작한 것은 청일전쟁(1894-1895년)에서 러일전쟁(1904-1905년)으로 이어지는 시기부터였다. 전자에 의해 일본의 국제적 위치가 확립되고 아시아의 주도권이 청나라에서 일본으로 옮겨졌으며, 후자에 의해서는 일본이 확고하게 서구 열강 제국들과 어깨를 나란히 할 수 있게 되었다는 자신감을 가지게 된다. 그리하여 메이지 유신 혁명가들은 일본 국민들에게 보다 강도 높은 애국심을 고양시키고 일본인이라는 자신감을 갖게 함으로써 이제는 일본이 서양 오랑캐들을 제압할 수 있는 우등한 국가임을 고취시키고, 대동아(大東亞)에 빛을 비추는 신국(神国)이라는 우월주의를 "참배"를 통해 확인하고 고무시켰다.

황군에게는 결코 패배가 없다는 믿음은 황조황종이 베푼 유덕과 그 유훈이 눈에 보이는 형태로 체현된 천황의 위대한 업적이며 덕이라는 확신에서 나온 것이었다. 그래서 일본 국민들은 경외와 감사를 "신사참배"라는 형식으로 고백했다. 현장에서는 신사참배가 천황에 대한 충성심의 척도로 작용하면서 오히려 이것이 학교마다 마을마다 경쟁적으로 실시되었다.[50] 그런데 아이러니하게도 이런 경향은 국공립학교보다 미션 계통의 학교에서 보다 뚜렷하게 나타났다. 왜냐하면 일본 사람들은 "미션학교"가 적국과 내통하는 스파이가 아닌지를 의심했기 때문이다. 따라서 미션학교는 오히려 신사참배를 적극적으로 실시하여 기독교인들도 일본과 천황을 사랑하는 애국자라는 사실을 사회에 드러내어 인정받고자 했던 것이다. 이는 일종의 신변의 안전을 확보하기 위한 증표라고 할 수 있다. 엔도 슈사쿠의 『침묵』에서 페레이라가 말하는 것처럼, 늪지대와 같은 일본에서 기독교

---

50 1910년대 일본에서는 신사참배가 강요되지 않았지만, 자발적이고 경쟁적으로 실시되고 있었다. 학교가 국가교육의 일환으로 신사참배를 집단적으로 강요하며 의무화시킨 것은 조선에서 먼저 실시되었다. 1925년, 이미 "조선신궁어영대봉영참례"(朝鮮神宮御靈代奉迎參礼)가 조선에서 강제적으로 실시되었다. 그 후에 일본 본토에서도 "강요"가 실시되었다. 그 전에는 신사참배에 불참해도 묵인했던 예가 많았지만, 1929년부터는 철저하게 집행되었다.

인이 살아가기 위해서는 후미에(踏み繪)와 같은 증표가 필요했는지도 모른다. 여하튼 국가신도라는 천황교 사이비 종교의 광신적 믿음에 의한 신사참배 강요는 종교적 폭력이었다. 오늘날에도 이런 군국주의적 신사참배를 향수하는 천황교 원리주의자들은 헌법을 개정하여 일본을 "전쟁이 가능한 일반적인 나라"로 만들고자 국민들을 현혹시키고 있다.

14. 미노미션 신사참배 거부 사건(1930-1939년)

(1) 발단

천황교 원리주의적 집단참배 행위는 적어도 제1계명을 신앙적·신학적 공리로 간주하는 기독교인들에게는 큰 위기였고 도전이었다. 그러나 그 당시 신사참배라는 광신적인 집단 행동을 거부한다는 것은 생각조차 할 수 없을 만큼 두려운 일이었기에, 기독교인이라 할지라도 신사참배 거부를 쉽게 드러내지 못했다. 그런데 이 험악한 시대적 상황 속에서 신사참배를 거부한 이야기 하나를 소개하고자 한다. 이는 일본 교회사에서 "미노미션(美濃Mission) 사건"이라고 불리는데, 오늘날의 기후현 오오가키시(岐阜縣大垣市)에 성서학교와 유치원을 세운 미국 출신의 선교사 새디 레아 웨드너(Sadie Lea Weidner, 1875-

1939년)가 일으킨 것이다.[51]

그 지방의 토키와(常葉) 신사가 매년 행하는 축제(마츠리)에 모든 학생이 참배해야 한다고 사립초등학교 교장이 발표했다(1929. 9. 24.). 이 고지를 들은 웨드너 선교사는 양녀로 데리고 있던 아이들과 요리인의 장녀까지 포함한 네 학생의 담임교사들에게 신앙적인 이유로 참배할 수 없기 때문에 먼저 조퇴시켜달라는 부탁 편지를 써서 그다음 날 등교하는 아이들 편에 보냈다. 그 가운데 두 명은 귀가가 허용되었지만, 나머지는 허용되지 않았다. 웨드너는 헌법 28조에 명시된 신앙의 자유에 근거하여 "왜 내 딸이 조퇴를 원하는데 인정해 주지 않는가?"라고 학교장에게 질문서를 보냈는데, 이것이 발단이 되었다. 학교장은 소학교는 국민교육의 현장이고, 신사참배가 없다면 국민교육이 파괴되기 때문에 본교는 신사참배를 반드시 필요로 하며, 따라서 학교장으로서 신사참배는 어떤 일이 있더라도 강요할 것이라고 답변했다.[52] 이 사건 이후로, 웨드너는 신사참배가 있는 날

---

51 이 부분은 다음 책에서 많이 차용했다. 岩崎孝志·石黒イサク·久米三千雄·登家勝也·山口陽一(著), 『それでも主の民として』(いのちのことば社, 2007), 52-110; 石黒次夫, 『美濃ミッション·神社参拝拒否事件記録濃』(復刻版) (美濃ミッション, 1992). 다음도 참조하라. http://www.cty-net.ne.jp/~mmi/pdf/minojiken/pdf_minojiken.pdf. 일본에서 발생한 신사참배 거부 사건으로는 "미노미션 사건"과 "상지대생 정국 신사참배 거부 사건"(上智大生靖国神社参拝拒否事件, 1932. 5. 5.)을 들 수 있다. 신사참배 거부와 직접적인 관련은 없지만, 그 당시 성결(ホ―リネス) 교단이 재림 운동(1942년)으로 치안유지법에 저촉되어 검거되는 사건이 있었다. 결국 신사참배와 예수 그리스도에 대한 신앙은 전혀 모순되지 않는다고 주장하게 된다. 또한 병역 거부 사건으로는 등대사 사건(灯台社事件, 1933. 5.)이 있다.

52 『それでも主の民として』, 88.

이면 미노미션에 속한 학생들을 등교시키지 않았다. 이것이 1930년 3월 1일 오오가키시 의회에서 문제가 되었고, 미농대정신문(美濃大正新聞)이 "소학교 학생 신사참배 거부: 국민 사상의 근본을 뒤흔들며 오오가키 사회의 문제가 되다"로 대대로 고발하면서 "기독교유치원 경영자인 미노미션의 외국인 웨드너씨가 소학교장에게 편견적 항의로 공격, 게다가 협박적 언사로 조롱했다" 등의 선동적인 기사를 썼다. 또한 이를 들은 오오가키 경찰서장은 "기독교 신자로서 이번처럼 노골적인 행동을 보여준 것은 처음 듣는 일이다. 이 사항은 매우 중대한 것으로 판단되기 때문에, 상사에게 전화로 보고하고 이어서 서면으로 보고하겠다"고 엄포를 놓았다. 이런 가운데 학교장, 경찰서장, 육군 중장, 기독교계, 불교계 등의 우두머리들이 몇 차례 회담을 가졌고, 웨드너 선교사 문제를 계기로 시민들을 위해 신사참배 문제에 관한 강연회를 개최했다. 거기서 교장은 다음과 같이 악담을 퍼부었다. "이 학교에 신사참배를 하지 않는 바보 같은 놈이 있다. 신사참배를 하지 않는 자는 이 학교에 단 일 분도, 한 시간도 머물게 할 수 없다." 그러나 웨드너는 이에 굴하지 않고 학무부장과의 면담을 지속적으로 요구했고, 이 사건은 신사참배를 면제해주는 것으로 일단락되었다.

⑵ 제2차 거부

그런데 1933년이 되면서 오오가키시에서 신사참배 문제가 다시 거론되었다. 당시 소학교 6학년이었던 히구치 시게미(樋口繁實)가 이세신궁으로 가는 수학여행에 참가하지 않겠다고 표명하며 "이세신궁은 우상이기 때문에 참배하지 않는다"는 이유를 밝히면서 다시 신사참배 거부 사건이 불거졌다.[53] 이번에는 3년 전보다 사건이 더 심각했다. 사실 이때는 일본이 급기야 국제연맹을 탈퇴하고 쇼와 파시즘에 의한 천황제 이데올로기를 더 세뇌시키기 위해 신사참배가 한층 거세어지는 상황이었다. 시민들과 매스컴의 배척 운동은 2-3년 전과는 확연히 달랐다. 신사참배를 위한 강연회가 계속되었고, 거부자들에 대한 배격 운동은 더욱 폭력화되었으며, 때로는 폭도들이 미노미션학교에 난입하는 사건까지 발생했다. 그런 파시즘의 종교적 폭풍우 가운데서도 웨드너 선교사는 신사참배를 거부하는 성도들과 목사들에게 다음과 같이 차분하게 위로했다. "이것은 생명이 걸려 있는 문제입니다. 우리는 일본의 심장이 되는 부분을 건드렸습니다. 이세신궁으로 문제가 퍼졌습니다. 우리는 언제 살해될지 모릅니다. 기도합시다."

결국 교역자와 직원 등 15명이 오오가키시 경찰에 연행되어 심문을 받았고, 두 목사는 심한 고문으로 목숨을 잃었다. 그럼에도 불구하고 미노미션은 "가령 아무리 국가나 교육위원회가 지도하고 학교가 강요하여 모든 사람이 참배한다고 하더라도, 그리스도인인 우리는 성서에 따라서 신사참배와 우상숭배는 하지 않는다"고 분명한 입장을 밝혔다.

1937년 중일전쟁이 시작되면서 궁성요배는 학교교육의 의무가

---

53   『それでも主の民として』, 54.

되었고, 거부는 반국가적 행위로 처벌받게 되었다. 그때까지 많은 선교사가 어떻게 해서든지 일본에 머물기 위해 신사참배에 참가했지만, 이후부터는 국외로 추방당하거나 국수주의와 반외국인 감정에 견디다 못해 스스로 떠났다. 그럼에도 불구하고 웨드너는 "궁성요배는 우상숭배이며, 참된 성도는 여기에 절해서는 안 된다. 또한 학생들이 매일 아침저녁으로 천황 사진을 보며 절하는 것도 우상예배다. 자녀를 둔 목사들은 분명히 자신의 신앙을 표현하도록" 가르쳐야 한다고 권면했다. 그러나 목사들도 거의 한계에 다다랐다. 1939년이되자 그나마 남아 있었던 11명 가운데 8명이 목숨을 잃었고, 같은 해 웨드너 선교사는 겨울 추위와 긴장감에 뇌출혈로 쓰러져 귀국 도중 선상에서 세상을 떠났다. 그 후 미노미션의 나머지 목사들(山中為三, 伊能倉次郎, 菊地三郎)은 1942년 3월 26일 치안유지법에 의거하여 "국체파괴죄"로 검거되었고, 가택 수색으로 모든 책이 몰수되었다. 나중에 이 세 사람은 모두 집행유예로 풀려나 패전을 맞이하게 된다.

⑶ 기독교계의 반응

1933년 10월 5일, 미노미션은 일본 각 지역의 교회와 지도자들에게 "전국 기독신도에게 고함"이라는 협력 요청문을 발송했지만, 반응은 냉담 그 자체였다. 미노미션의 신사참배 거부 사건에 관해 기독교계는 미노미션이 일본 문화와 역사를 바르게 이해하지 못한 결과라고 이해했다. "정부가 신사는 종교가 아니라고 하지 않는가. 따라서 신사참배를 하더라도 그것은 죄가 아니다"라고 하면서 비아냥거린 것이다. 일본에서는 "일본적 기독교"가 정통 기독교였다. 이것에 위배되는 비정통적 신앙을 가져서는 안 되었다. 다른 선교사들 역시 "웨드너의 선교 방식이 나쁘기 때문에 미노미션만 공격을 받는다"고 비판했다. 배격당하지 않기 위해서는 좋은 방법을 취해야 했다. 또한 성결교회의 나카다 쥬지(中田重治, 찬송가 523장 "어둔 죄악 길에서"의 작사자)가 유능한 변호사를 고용하여 재판할 것을 권했을 때, 웨드너는 "당신은 일본을 잘 모른다. 일본에서는 이것이 결코 재판이 될 수 없다. 그들은 주장이 정당한가 아닌가에는 관심이 없다. 세상을 소란스럽게 한 죄로 다루기 때문에 절대로 이길 수 없다"고 말했다. 웨드너는 천황제 이데올로기에 습합된 일본인들의 습성을 꿰뚫고 있었다.

미노미션 사건은 군관에 의한 취조와 압박을 차치하더라도, 지역 주민들의 악랄하고 집요한 공격과 언론의 지독한 압박과 폭력에 의해 집단 린치를 당한 박해와 순교의 사건이었다. 미노미션은 그리스도를 위해 은혜를 주신 것은 그를 믿을 뿐만 아니라 그를 위해 고난도 받게 하기 위한 것임을 기억한 미션이었다(빌 1:29).

15. 천황기관설에 대한 국체명징론

앞에서 잠시 언급했지만, 메이지 유신을 일으킨 초기의 혁명가들은 천황의 "정치력"이나 "통치력"을 기대하지 않았다. 그들은 천황 작위론을 가지고 기독교와 같은 일신교적 천황제 이데올로기를 확립하여 그 종교심으로 국민 정신 통합의 기축을 삼겠다는 생각이었다. 이런 천황 작위론은 비록 1930년대에 천황교 신앙심으로 국민이 하나가 되기는 했지만, 천황은 최고기관이나 총리의 보필을 받아 통치권을 행사해야 한다는 천황기관설이 발설된 것이다. 이 주장에 따르면 천황이 일본군에 대한 통치권을 가진다고 할지라도, 통치권은 정부 내각에 의해 행사되어야 한다는 결론에 이른다. 그러나 군에 대한 내각의 권한 행사를 배제하고 싶었던 군부는 천황기관설을 힐난하면서 무참하게 공격했다. 또한 그들은 당시 최고 권위의 헌법학자인 미노베 타츠키치(美濃部達吉)의 천황기관설이 국체에 위배되는 학설이고, 모반이자 반역이라고 주장했다. 황도파(皇道派) 역시 천황기관설에 맹공을 퍼부었다. 최종적으로 천황기관설의 위헌성을 인정하도록 정부에 압박을 가하자 정부는 결국 천황이 일본 통치권의 주체가 된다는 것을 명시하는 "국체명징에 관한 정부성명"(国体明徴에 관한 政府声明, 1935년)을 발표했다.

쇼와 파시즘이 극에 다다랐던 1930년대에 나타난 천황기관설은 일본적 사고를 무시하고 서양 사상을 무비판적으로 도입한 일부 지식인들의 폐습에 그 원인이 있다고 하여, 미노베 등은 우익 폭도들의 총격을 받아 중상을 입었다. 이 사건은 근대 국가의 기반으로서 입헌주의가 일본에서 실질적으로 완전히 무너졌다는 것에 대한 상징적이고 역사적인 우익 쿠데타였다. 절대적 권한을 가진 존재인 천황이라고 할지라도 어디까지나 그 권한은 헌법에 규정된 대로 행사되어야 한다는 헌법학자의 입헌적 해석은 쇼와 군국주의 파시즘에 완전히 삼켜져버렸다. 1920년 정도까지 그나마 조금이라도 남아 있었던 개인주의, 자유주의, 그리고 언론의 비판적 보도는 1926년부터(쇼와 시대) 철저하게 규제당하고 제한되었다. 이로 인해 일본 사회는 극도의 폐색에 접어들었다.

결국 천황에게 전권이 있음을 확인하는 "국체명징 성명"으로 결론이 나면서 정치, 사회, 문화, 종교 등 모든 분야에서 천황제에 의한 사상적 통일을 이루는 극단적 쇼와 파시즘의 막을 열었다. 국민의 사상과 가치관의 획일화는 이전보다 강도 높게 강제적으로 진행되었다. "황실전범"을 시작하는 일본 제국 헌법은 천황을 살아 있는 현인신으로 인정하는 천황의 통치 준칙이었다는 사실이 이 시대에 와서 보다 명확하게 강화되었다. 사실 권력의 폭주를 제어하는 장치로서의 헌법이라는 근대 입헌주의 이념은 일본에서는 처음부터 아예 존재하지 않았던 것이다.

1937년에 일본 문부성이 규정한 일본의 정치 형태를『국체본의』(国体本義)에서는 다음과 같이 분명하게 말한다. 일본 천황제 정치의 "근본 원칙은 중세 이후처럼 위임에 의한 정치가 아니며, 영국처럼 '군림하지만 통치하지 않는다'는 형식도 아니며, 군민공치(君民共治)도 아니다." 그것은 천황교 신앙심이 투철한 원리주의자들에 의해 만들어진 일본제 입헌 군국주의 또는 말도 안 되는 "천황제 민주주의"였다.

『메이지 유신이라는 실수, 일본을 멸망시킨 요시다 쇼인과 쵸슈 테러리스트』(2017)라는 책에 의하면,[54] 메이지 유신 이후 일본 근대

54　原田伊織,『明治維新という過ち：日本を滅ぼした吉田松陰と長州テロリスト』(講

화의 근간을 이루는 교육의 기본적 방침은 "관군(官軍) 교육"이었다. 그것의 기본적 이념은 전쟁에서 승리한 자만이 역사를 쓸 수 있다는 것으로, 이런 "테러리스트의 사상"이 아베에게까지 이어져 내려오고 있다. 이 사실은 21세기 일본의 이웃 나라 국민으로서 우리가 꼭 새겨야 하는 일본 이해다. 국체명징론은 지금도 진행 중이다.

談社, 2017).

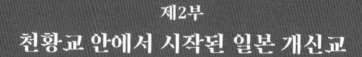

제2부
천황교 안에서 시작된 일본 개신교

서론

1부에서는 19세기 중반 메이지 유신의 혁명가들이 국가통합의 기축으로서 일신교적 천황교를 만들고 그 천황제 이데올로기에 근거하여 어떻게 근대 국가를 형성했는지에 초점을 맞추어 기술했다. 천황교 원리주의적 이념은 오늘날에도 일본 정치인들에게 여전히 남아 있어서, 그들은 옛날을 그리워하며 이를 그 시절로 되돌아가기 위한 지렛대로 삼고 있다. 즉 종교성을 기반으로 하는 천황제 이데올로기는 오늘날에도 일본인들의 국가 윤리 및 도덕 안에 깊이 흐른다. 필자의 지인은 2019년에 "헤이세이"에서 "레이와"로 원호가 바뀌었다는 지극히 단순한 소식에 감격과 흥분을 감추지 못하는 일본인들의 모습을 보면서 그들에게 천황은 마치 어찌할 수 없는 선천적 기질처럼 느껴진다고 말했다.

이처럼 천황제 이데올로기로 일본 땅이 흠뻑 젖어가는 시기에 그것과는 성격이 전혀 다른 외국 태생의 기독교(개신교)가 1854년부터 들어오기 시작했다.[1] 이 시기는 개항을 통해 일본의 근대화가 저변에 깔리는 동시에 천황제가 일본 통합의 강력한 기축으로 일본 역사의 전면에 부각되는 시대이기도 했다. 거칠게 표현하자면, 개신교

---

1   본서에서 특별한 언급이 없는 한, "기독교"는 "개신교"를 지칭하는 의미로 사용된다.

의 일본 선교는 처음부터 험한 질곡으로 들어섰고, 적어도 1945년 일본의 패전에 이르기까지 그 터널을 벗어나지 못했다.

일본 역사에서 종교는 항상 권력의 시녀 역할을 해왔다. 종교는 "권력"의 도구가 되거나, 정치나 문화에 무관심할 때만 일본에서 자리를 차지할 수 있었다. 일본에서 종교의 자유란 권력에 대한 도전이었다. 근대의 산물이라고 할 수 있는 신앙의 자유를 일본에서 보장받기란 예나 지금이나 요원하다.

1. 종교와 권력에 대한 한 단면

일본 역사에서 권력과 종교의 관계성을 상징적으로 잘 드러낸 사건이 1570-80년에 걸쳐 일어난 "이시야마 전투"(石山戰鬪)다. 이는 죠도신슈(浄土真宗)에 속한 이시야마 혼간지(石山本願寺)를 중심으로 하는 세력과 오다 노부나가(織田信長) 간의 싸움이었다.[2] 이시야마 혼간지 주지 켄뇨(顯如)는 그동안 추진해온 "일향일규"(一向一揆) 운동에 힘을 쏟았다. 이 운동은 석가여래와 극락왕생을 믿었고, 그런 믿음이 마음의 참안심과 평안을 가져다준다는 교리 아래 승려, 무사, 농민, 상공업자 등이 스스로 모여서 이루어진 종교적 자치 공동체에

---

2   참고: "이시야마 혼간지"는 일본에서 새롭게 시작된 불교 종파였던 "죠도신슈"(浄土真宗: 모든 사람이 은혜로 구원받을 수 있다는 기본적 교리를 주장)의 본산으로, 현재 오사카 성공원 내에 위치하는 것으로 알려져 있다. 훗날 도요토미의 허용으로 1591년 교토로 옮겨가 오늘날 니시 혼간지로 이어져 내려오고 있다.

의한 신앙과 삶의 쇄신 운동이었다. 그런데 이 공동체에 사람들이 점점 모여들고 조직화되면서 자연스레 강한 세력을 형성했고, 지역을 기반으로 하는 강력한 종교 집단이 되었다.

그런데 이때는 천상의 황제, 곧 신이 되기를 원했던 오다 노부나가의 권력이 하늘을 찌르고 있었던 시대였다. 무가(武家) 정권을 기반으로 하는 노부나가에게 일향일규 운동의 점진적 확산은 위험했고, 급기야 무시할 수 없는 상황이 되었다. 마침내 오다 노부나가는 이시야마 혼간지 세력을 복종시키기 위해 공격을 감행했다. 노부나가에 맞선 이시야마 혼간지 주지 켄뇨와 신도들은 10년 이상의 장기전으로 쇠약해지면서 결국 점령당하고 노부나가의 권력에 복종하게 된다.

"이시야마 전투"가 일본 역사에서 가지는 종교적 의미는 매우 의미심장하다. 이는 일본에서 종교는 권력에 굴복할 때만 영위될 수 있다는 것이 사실로 확인되는 사건이었기 때문이다. 즉 일본에서 종교는 권력에 습합되어야 존재할 수 있었다. 신앙에 근거하여 권력에 항거하는 종교적 실천은 용납될 수 없었다. 그런 것들은 마음의 문제로 환원시켜야 했다. 권력에 방해되거나 저촉되는 신앙과 교리는 행동으로 드러내기보다 마음에 잠재워야 했다. 곧 신앙의 내면화가 반드시 수반되어야 했던 것이다. 그러므로 이시야마 전투는 일본에서의 권력과 종교 문제를 상징적으로 보여준 사건이다. 일본에서 신앙과 양심에 근거하는 종교적·윤리적 행동은 어디까지나 마음의 문제로 남겨두어야 한다는, 종교에 대한 기본적 인식은 바로 여기서 성립되었다.

권력에 저항하는 종교는 "카쿠레 키리시탄"처럼 자신을 숨길(카쿠레) 수밖에 없었다. 에도 말기에 이르기까지 숨어서 저항했던 가톨릭 신자들에 대한 압박과 탄압은 실로 신경질적이며 집요했다. 일본의 극단적인 폭력성은 말 그대로 영혼을 말리는 것이었다. 예를 들어 에도 시대 말기에서 메이지 초기에 이르기까지 네 번에 걸쳐 카쿠레 키리시탄을 검거 소탕하여 박해한 "쿠즈레" 사건은 도무지 이해할 수 없을 만큼 조직적이고 체계적이며 집요하고 치밀했다.[3]

일본에서 종교가 권력으로부터 자유를 되찾기 위해 몸부림치기 시작한 것은 적어도 1945년 이후다. 종교는 대동아전쟁이 끝났을 때에야 비로소 국가권력에 저항하기 시작했다. 따라서 일본에 개신교가 들어온 이후로 1945년에 이르기까지 국가에 대한 "교회 투쟁"의 역사는 거의 없다고 해도 과언이 아니다. 따라서 본서는 종교의 투쟁이 아니라, 종교가 어떻게 일본이라는 권력에 습합되어갔는지를 살펴볼 것이다. 조선 기독교회의 신사참배 반대운동이나, 독일 고백교회의 투쟁사와 같은 교회의 투쟁은 일본 교회사에서는 도무지 상상조차 할 수 없는 사치다.

---

3   이치방 쿠즈레(1790년), 니방 쿠즈레(1839년), 산방 쿠즈레(1856년), 욘방 쿠즈레(1867년).

2. 기독교의 시작과 천황제 누룩

메이지 정부는 서구 열강의 요구에 못 이겨 표면적으로는 1873년에 기독교를 금지하는 "키리시탄 킨세타카레이"(切支丹禁制高礼)라는 공고판을 철거하는 시늉을 했지만,[4] 여전히 기독교를 금하는 정책을 이어갔다. 막부의 금교령이 철폐되기 1년 전, 일본 최초의 개신교 교회로서 "일본기독공회"(1872년, 오늘날 요코하마 카이강교회[橫浜海岸教会])가 세워졌다. 이는 1859년에 개신교 선교사가 일본으로 들어온 지 12-13년이 지난 후의 일이다.

동년 3월 10일, 교회의 설립 예배를 드리는 자리에서 아홉 명의 일본인이 세례를 받았다. 그런데 나중에야 알게 되지만, 수세자들 가운데는 메이지 정부의 가장 높은 기관이었던 태정관에서 파견된 첩자가 포함되어 있었다. 예수를 구주로 믿겠다고 문답까지 받고 하나님과 이웃 앞에서 세례받은 첩자는 "안도 류타로"(安藤劉太郎)라고 하는 히가시 혼간지 소속의 사찰 승려였다.[5] 이 세례식에 제2, 제3의

---

4   "키리시탄 킨세타카레이"(キリシタン禁制高礼)는 "키리시탄은 금지되어 있기 때문에, 의심스러운 자가 있으면 신고하길 바란다"는 내용을 기록하여 길거리에 세워놓은 알림판이었다. 신고한 사람들에게는 다음과 같은 상금을 준다고 기록되어 있었다. 사제를 신고하면 은 500냥, 수도사를 신고하면 은 300냥, 키리시탄으로 되돌아간 사람을 신고하면 은 300냥, 전도를 도와준 키리시탄을 신고하면 은 100냥이었다. 친구라고 할지라도 그를 신고하면 은 500냥을 하사한다고 했다. 또한 숨어 있는 자가 발각되면, 그 마을의 촌장과 고닌구미(五人組: 각 집을 다섯으로 묶어 서로 감시하게 함), 그리고 친족까지 죄과를 물었다.

5   그는 후일에 이름을 세키신지(関信二)로 개명하여 메이지의 유치원 교육의 선구자가 되었다. 일본 최초의 유치원(현재 오차노미즈여자대학 부속 유치원)의 초대 원장이다.

안도가 없었다고 누가 장담할 수 있겠는가? 이런 의심이 연구자들의 마음에서 사라지지 않는 것은 어쩌면 당연한 것인지도 모른다. 일본에 도착한 초기 선교사들의 활동 정보와 사역에 관한 상세한 내용이 매일 태정관에 보고되었고, 그것이 패전 후에 발견되었다. 이런 의미에서 일본에서의 개신교 교회는 처음부터 좋은 의미에서든 나쁜 의미에서든 정치적이지 않을 수 없었다.

류타로가 수동적으로 보고만 한 것은 아닐 것이다. 일본에 관해 문외한이었던 선교사들은 일본인들의 습관이나 풍습, 더 나아가 그들에게 전도하기 위해 필요한 사전 지식 등에 관해 자연스럽게 그와 상의했을 것이다. 이는 신학적이고 교리적인 측면은 차치하더라도 일본 선교의 실천적인 측면에서 선교사들의 생각에 적지 않은 영향을 미쳤을 것이다. 그 전형적인 예는 "일본기독공회"가 만든 "공회 규칙"에서 찾아볼 수 있다.

1872년 3월에 교회가 설립된 후 "일본기독공회"는 그다음 달 4월에 자신들의 신앙 항목을 규정하는 "공회 정규"를 작성한다. 안도 류타로의 보고서에 의하면, 선교사들이 제시한 항목들에는 "외부적으로 논쟁거리가 될 만한 소지가 있는" 내용들이 포함되어 있었기 때문에, 일본에서 전도하기 위해서는 일본적인 것들은 가능한 한 배제해야 한다는 것과 관련하여 의견 충돌이 있었다. 결국 일본인들을 자극할 만한 내용을 삭제하여 새롭게 "공회 규칙"을 만들었다. 보고서에 의하면, 삭제된 항목들은 다음과 같다.

第一条 日皇祖土神ノ廟前ニ拝跪スヘカラサル事゜

제1조 황조토신의 묘 앞에 무릎 꿇어 절하지 말 것(출 20:3-5).

第二条 日王命ト雖モ、道ノ為ニハ屈従スヘカラザル事゜

제2조 왕명이라고 해도 기독교(道)에 반할 때는 굴종하지 말 것(행
4:19, 5:29).

第三条 日父母血肉ノ恩ニ愛着スヘカサル事゜

제3조 부모 혈육의 은혜에 집착하지 말 것(마 12:48, 요 2:4).

삭제된 이 세 가지 항목은 일본 선교에 반드시 필요하다고 선교사들
이 생각했던 것들이다. 그러나 교회 회의에서 삭제되었다. 기독교 신
앙이라고 할지라도 황조/황명에는 반드시 순종해야 한다는 것이다.
"신학적 공리로서 제1계명"은 우상숭배 금지다.[6] 이것은 신학적·선
교적 전제다. 일본에 파송된 선교사들은 이 사실을 알고 있었다. 그
러나 그런 것들이 선교를 방해하는 "논쟁거리"가 되기 때문에 삭제
했던 것이다. 물론 선교적 차원에서 이방인인 일본 사람들이 기독교
에 쉽게 접근할 수 있도록 배려한 처사라는 해석도 가능하다. 그러나
이후로 전개되는 일본 기독교의 역사를 보면 이것을 "선교적 배려"
라는 차원으로 이해하기는 쉽지 않다.

---

6   칼 바르트의 1933년 3월 9일 강연 제목 "Das erste Gebot als theologisches
     Axim"(신학적 공리로서 제1계명)이다.

여하튼 일본에서의 교회는 선교의 빗장이 열리는 시작부터 권력의 입김에 좌우되었다는 비판을 면할 수 없다. "태정관"이라는 정부 최고 기관에 감시당했을 뿐만 아니라 파견된 스파이의 의견에 의해 선교사들의 선교 방침은 일그러졌다. 이것은 일본에서 개신교회가 권력에 습합되어가는 첫 단추가 되었다. 실로 "이시야마 전투"의 19세기 기독교 버전이라고 할 수 있다. 20세기에 들어서면, 권력에 완전히 굴종하는 "일본적 기독교"라는 국가 어용 교단으로서 "일본기독교단"이 만들어진다. 이런 이유에서 일본에서의 교회는 처음부터 정치적이었다고 말할 수 있다.

3. 천황제 이데올로기 안에서의 종교의 자유

합리적 산업화를 통해 강한 근대 국가를 만들고자 왕정복고에 의한 절대적 제정일치를 추구했던 메이지 정부에 관해서는 앞에서 잠시 언급했다. 그들의 근대화는 세속화를 수반한 것이 아니라 오히려 국가종교를 만들어 신앙심으로 국민적 통일을 이루는 것을 바탕으로 했다.

그럼에도 불구하고 그들은 근대 국가의 위용을 보여주기 위해 헌법을 제정하여 공포했고(1891년), 종교의 자유를 명시하기도 했다. 헌법 제28조는 다음과 같다. "일본 신민은 안녕질서를 방해하지 않고 신민으로서 의무에 반하지 않는 한, 종교의 자유를 가진다."

실질적으로 국가종교를 추구하면서 형식적으로 종교의 자유를 보장한다는 것은 당연히 모순이다. 그러나 당시의 종교계, 특히 기독교는 그 모순성을 알아차리지 못하고 헌법의 형식적 원리에 기쁨을 감추지 못하여 "후생성헌법발포축하회"(厚生省憲法發布祝賀會)를 개최하고, 자유로운 선교 활동이 가능해졌다고 자축까지 했다.

그러나 종교의 자유에 대한 헌법 명시는 서양 열강을 향해 일본이 근대 국가임을 보여주는 코스프레에 지나지 않았다. 앞에서 살펴보았듯이, 일본에서 헌법이라는 개념은 국민의 손에 의한 것이 아니라 어디까지나 천황의 하사품이었다. 따라서 종교의 자유란 "일본 신민의 안녕질서"라는 범위 안에서만 가능한, 조건적이며 상대적인 보장이었다. 이 사실을 기독교계가 제대로 파악하지 못한 것은 그 당시 기독교 신앙과 신학의 "일본적" 성향이 가진 한계였다. 예를 들면 그 당시 기독교의 대표적 지도자인 우에무라 마사히사(植村正久)는 헌법 28조가 가능한 것은 "천황 폐하의 성덕" 때문이라고 하면서 기독교인들은 마땅히 천황에 감사해야 한다는 글까지 내어놓을 정도였다(복음신보, 제190호, 1894. 11. 2.).

4. 교육과 종교의 충돌

일본에서의 기독교 신앙과 선교는 "천황의 성덕"에 의해 확보되었기 때문에, 천황제 국가종교 이데올로기 안에서만 자유로울 수 있었다. 이 사실을 극명하게 보여준 것이 "근대 일본 사상사"에서 중요한 이슈로 간주되는 우찌무라 간조의 이른바 "불경(不敬) 사건"이었다. 이는 "교육과 종교의 충돌"이라는 논쟁으로 번졌을 뿐만 아니라 일본 사상사에 "이단과 정통"이라는 사상적 가늠자를 분명하게 심어준 사건이었다.[7]

제1부에서 언급된 "교육칙어"는 군부, 회사, 정부 및 학교에 하달되어 모든 일본인이 천황의 "신민"으로서 국민도덕에 충실하고 천황에 대한 의무를 철저하게 수행하도록 가르치는 역할을 담당했다. "교육칙어"는 천황교의 경전과도 같은 실천 원리였다. 따라서 이 것을 읽고 복창할 때는 경건한 예를 갖추어야 했다. "불경 사건"은 1891년 제1고등중학교 시무식에서 교육칙어를 봉독할 때 일어났다. 당시 31세였던 우찌무라는 그 학교의 교사였는데, 봉독식에서 교육칙어에 합당한 예를 표하지 않았다고 하여 학생들의 비난을 받았고, 이에 대리인을 세워서 경례를 대신했지만 결국 학교에서 면직당했다.

우찌무라의 불경건한 처신에 대해 독일에서 철학을 공부한 도쿄제국대학 철학과 교수인 이노우에 테츠지로(井上哲次郎)가 『교육과 종교의 충돌』(1893년)이라는 소책자를 출간하여 기독교를 정면으로 공격했다. 그 내용은 다음과 같다. 교육칙어는 일본이 예로부터 지켜온 정통적인 국가 실천 윤리다. 그러나 기독교는 비국가주의이기 때문에 교육칙어 정신에 정면으로 위배된다. 또한 기독교는 충효를 중시하지 않으며 무질서적 자유 평등주의를 주장하고, 천황은 우리와 같은 사람이라고 주장하면서 이단교로 치부한다. 더욱이 기독

---

7   『일본의 정신과 기독교』, 157-162.

교는 미래만을 중시하여 작금의 일본이 누리는 평화적 진보와 세상을 개량 발전시키는 것에는 오로지 장애가 될 뿐이다. 기독교는 군주에 대한 충성과 나라 사랑이 없다. 이렇게 그는 기독교를 폄하하면서 국민들을 선동했다. 테츠지로의 주장에 힘입어 일본의 모든 언론 매체와 지역이 기독교에 대해 일제히 집중포화를 퍼부었다. 이로 인해 기독교는 일본 사회에서 거의 회생불가의 빈사 상태에 이르게 되었다. 이 사건으로 인해 기독교는 일본에서 사교(邪敎)라는 "이단" 딱지가 공공연히 붙게 되었다. 이때부터 기독교가 침몰되어갔다고 말해도 과언이 아닐 것이다.

예를 들면 그 당시 어떤 잡지에 기재된 내용은 다음과 같다. "기독교인들은 외형상 인간이지만, 그 감정과 사상은 개나 고양이와 같다. 왜냐하면 천만인이면 천만인 모두가 하나같이 천황에 대한 획일적인 '동일한 충의심의 울림'이 있는 민족 국가가 일본인데, 기독교인들만이 그런 민족주의적 동질성을 가지지 않기 때문이다."[8] 즉 자기를 죽이고 공(천황의 나라)을 섬겨야 한다는 멸사봉공이 기독교에는 없다는 것이다. 당시 이노우에뿐만 아니라 제국대학 교수들도 한결같이 기독교를 공격했다. 게다가 구마모토 지사는 기독교를 금지하는 금지령을 발표했고, 기독교 교사를 면직시키는 등 격렬한 반기독교 정서가 확산되어갔다.

그런데 더 충격적인 것은 "교육과 종교의 충돌"이라는 논쟁이 금방 사그라들었다는 것이다. 다시 말해 천황교의 선봉장 이노우에

---

8   『일본의 정신과 기독교』, 159.

의 공격에 대해 교회로부터 반론이 전혀 나오지 않았다. 논쟁도 상대가 있어야 하는 법인데, 반론을 펼치는 논객이 없으니 싸움이 아예 되지 않았다. 이처럼 교회는 국가 우상숭배에 대항하여 싸울 만한 능력이 전혀 없었던 것이다.

물론 혼다 요우이츠(本田庸一)가 『교육특론』(教育持論)을 통해, 요코 이토키오(横井時雄)가 『육합잡지』(六合雜誌)를 통해 기독교 입장에서 반론을 제기했지만, 이것은 반론이라기보다 거의 변명에 가까운 신음소리에 지나지 않았다. 그들은 기독교 역시 사랑과 충효의 진정한 애국심을 가지고 국체에 입각하여 살아 숨쉬는 선량한 신민들의 종교이며, 천황교에 입각한 신앙 단체임을 역설했던 것이다.

많은 기독교인이 이노우에의 공격에 대해 자기변명을 내놓으며 이제는 대놓고 "일본적 기독교"를 세워가자고 이구동성으로 주장했다. 결국 일본에 개신교가 세워진 지 20년도 채 되지 않았을 때 기독교는 천황교에 의해 재해석된 기독교, 즉 천황교에 습합된 "일본적 기독교"가 되어야 한다는 선교 방침을 세운 것이다.[9] 사실상 선교사들이 소개한 개신교는 일본 안으로 침몰되어버린 "일본교 그리스도파"가 되어갔다.[10]

---

9   우에무라는 "충량한 일본 국민"의 입장에서 문명과 휴머니즘을 존중한다며 반대했다.

10   『天皇制下のキリスト教』, 14.

5. 천황교에 매몰된 "일본적 기독교"

1890년대에 조합교회(구미아이) 에비나 단죠(海老名彈正, 1856-1937년)는 이렇게 말한다. "원시적 조상숭배에서 다신교로 발전해온 신도는 이제 일신교로 진화하여 기독교와 융합하려고 한다."[11] 에비나의 의도는 기독교 역시 일본의 천황교적 이데올로기 속으로 들어가는 이른바 "일본적 기독교"가 되어야 한다는 주장이다. 그 당시 기독교 지도자들은 마치 삿쵸동맹의 혁명가들이 일본적 "대양이론"으로 수정했던 것처럼 천황제 이데올로기에 굴복하여 일본화된 수정주의적 기독교의 변태를 주장했다.

그들의 주장을 간단히 정리하면, 서구 기독교는 참된 기독교로부터 이탈하고 변형된 것으로서 개인주의적이고 제국적이며 침략적이기 때문에, 천황을 중심으로 일본적 이데올로기 안에서 새롭게 재해석되고 재구성될 필요가 있다는 것이다. 이는 다름 아닌 "일본적 기독교"가 되어야 한다는 것으로, "일본교 그리스도파"가 될 때 참된 기독교가 된다는 주장이다. 사실 "일본적 기독교"라는 주제는 지금도 꺼지지 않는 불씨로서 일본 교회를 달구고 있다. 여기서 기독교의 일본 토착화에 관해 자세히 논하지는 못하지만, "일본기독교단"의 성립에 대한 항목에서 기본적인 논쟁을 다루게 될 것이다.

일본 사람들에게 "일본적"이라는 형용사는 아주 민감한 뉘앙스를 가진다. 예를 들어 "당신의 행동은 일본적이지 않다!" 또는 "일

---

11   『現人神から大衆天皇制へ』(刀水書房, 2017), 149.

본인 같지 않다"라는 지적을 받으면, 그때부터 일본 사람은 당황하기 시작한다. 그는 죄책감에 사로잡힌 답답하고 무거운 기분과 함께 따돌림(이지메)을 당할지도 모른다는 불안이 훅하고 머리를 관통하는 것을 느낀다. 그래서 그는 재빨리 어떻게 하면 일본적인 것이 될 수 있을까를 생각하고 여러 변명과 수단을 동원하여 자신을 "일본적"이라는 카테고리(와, 和) 안으로 집어넣기 위해 갖은 애를 쓴다.[12] 예로부터 "와"를 벗어나면 "요소 모노"(他所者)가 되었고, "무라하치부"(村八分)라는 이지메의 대상이 되었다.[13] 따라서 단 한 번이라도 "일본적이지 않다"는 라벨이 붙으면, 그것은 사형 선고와 같은 것이다. "후미에"를 밟지 않는 한 일본 땅에 기독교가 머무를 수 없었던 것처럼, 일본에서의 선교는 반드시 "일본적 기독교"가 되어야 가능했다.

---

12 일본의 전체성은 무섭다. 일본에서 일탈은 있을 수 없다. 그것이 바로 "와" 문화다. 그것의 사전적 의미도 다양하다. 이는 따뜻하며 온순해서 격하지 않다는 의미를 가지는데, 서로 마음을 합치고 공을 위해 사를 죽임으로써 서로 싸우지 않는 정신과 하나의 공동체를 이루어 목표를 향해 경쟁하며 나아가는 "일본적 틀"을 뜻한다. 메이지 이후 근대 문화를 받아들일 때, "와"라는 글자가 아주 많이 사용되었다. 예를 들면 "와쇼쿠"(和食)는 일본의 정통적 식사를 말하는데, 이는 일본의 것을 외국의 것과 구분할 때 사용하는 말이다. 따라서 "와"라는 틀에서 벗어나는 것은 따돌림을 당하고 왕따가 되는 것이다.

13 무라하치부를 가하는 공동체는 지역 공동체가 공동으로 협동하여 처리하는 행위 중 장례의 뒷처리(시체를 방치하면 부패로 인한 악취 및 전염병의 원인이 되므로)와 진화 활동(목조건물이 많은 일본에서 화재는 대형 재앙이었다), 이 두 가지 사항을 제외하고 제재 대상자와의 모든 교류(성인식, 결혼식, 출산, 병의 수발, 가옥 신축 및 재건축에 대한 지원, 수해 시의 복구 지원, 여행 등)를 일체 끊는다. 하치부는 튀기다, 튕겨내다라는 뜻의 하지쿠(はじく)가 변한 말이라고 전해지며, 열 가지 중 두 가지를 뺀 것(八分)이라는 속설은 후세에 지어낸 이야기라고 한다(위키 사전).

이노우에의 주장은 기독교가 "일본적"이지 않은 것의 전형적인 표상이라는 것이다. 그러므로 기독교인들은 "국적"(国敵), "스파이", "매국노"였고, 그렇기 때문에 신체적 제재를 받기도 했다. 결국 메이지 혁명가들의 의도대로 일본의 개신교는 천황제 이데올로기에 술 취한 듯이 동화되어갔다. 『침묵』에 나오는 표현을 빌리자면, 개신교가 일본이라는 척박한 "늪지대"로 서서히 빠져들어 갔던 것이다. 그 당시에 길거리에 뿌려진 "예수 믿는 대바보들 퇴치 순위표"라는 전단지를 보면, 일본 사회가 기독교를 어떻게 바라보았는지를 잘 알 수 있다.[14]

〈예수 믿는 대바보들 퇴치 순위표〉

- 신궁을 멸시하고 예수를 고집하는 놈(西大関)
- 세상에는 신이 하나밖에 없다고 하여 조상신을 섬기지 않는 놈(東大関)
- 예수를 믿는다고 하여 조상의 죽음을 애도하지 않는 놈(西前頭三枚目)
- 예수 초롱을 걸어놓고 신자들을 끌어들이는 놈(東前頭六枚目)
- 십자가를 밖에 높이 세우는 놈(東前頭十五枚目)
- 예수의 서적을 차에 싣고 시내로 팔러 다니는 놈(西小結)
- 먹지도 않고 예수교를 들으러 가는 놈(東前頭十枚目)

---

14 『일본의 정신과 기독교』 상권 95-96; 여기 나오는 순위는 일본 스모의 순위표를 모방한 것이다.

- 일요일을 안식일이라고 하여 돈을 쓰지 않는 놈(東前頭二枚目)
- 안식일이라 하여 죽은 것처럼 지내는 놈(西前頭十三枚目)
- 예수를 믿는다고 하여 차도 마시지 않고 끓인 맹물만 마시는 놈(東前頭十九枚目)
- 예수 믿는다고 친구와 교제를 끊는 놈(東前頭四枚目)
- 예수 이야기를 변소에서 읽고 배우는 놈(西前頭十九枚目)
- 예수 책을 상 위에 쌓아 올려놓은 놈(東前頭八枚目)

일본에서 기독교는 천황교에 저촉되지 않는 범위 안에서만 가능했기 때문에, 성서 해석은 반드시 "일본적"인 것이어야 했다. 이는 일본이라는 밑나무에 기독교를 접목하여 일본인들 심성에 맞는 일본적 신앙을 만들어내는 것이었다. 그 전형적인 예가 바로 우찌무라 간조가 주장한 "무사도에 접목된 기독교"였다.[15]

---

15   우찌무라는 1930년에 죽었다. 그리고 얼마 있다가 『內村鑑三全集』이 출판되었다. 그는 사회적·사상적으로 거의 잊힌 인물이었다. 그런데 패전 후 그를 칭송하는 글들이 쏟아져나왔다. 그의 무교회주의, 불경 사건, 비전론 등이 높이 평가된 것이다. 그를 사상의 좌표축을 가진 사상가로 치켜세운 사람은 마루야마 마사오(丸山眞男)였다. 그러나 우찌무라 본인은 자신을 "서양 문명의 비애국적 감화의 풍조"와 싸우는 "극좌 애국적 기독교 신자"라고 소개한다. 따라서 "무사도"에서 전형적으로 나타나듯이 우찌무라는 기독교와의 관계에서 어디까지나 "일본적 기독교"를 주장한 인물이다. 다음을 참조하라. 宮島利光·山口陽一·辻浦信生·岩崎孝志·岩崎孝志(著), 『日本宣教の光と影』(いのちのことば社, 2004), 29-78.

6. 무사도에 접목된 기독교

"불경 사건" 이후 우찌무라는 오히려 "일본적 기독교"에 관한 적극적인 주장을 드러낸다. 그의 기본적인 논조는 "무사도 정신이 기독교 안에서 완성된다"는 것이다. 이는 헬라 철학을 기독교 신앙에 대한 준비로 생각하는 학자들처럼, 무사도가 기독교 신앙을 완성한다는 주장이다. 그는 이런 주장을 『나는 어떻게 기독교인이 되었는가?』(1895년)와 『무사도』(1900년)에서 강하고 일관되게 펼친다.[16] 그가 생각하기에 하나님께서 일본인들에게 특별히 원하는 것은 무사도 정신에 그리스도를 받아들여 섬기는 무사도(武士道)였다. 우찌무라는 무사도와 기독교의 관계를 바울의 "접붙임" 논리(롬 11:17-24)에 비유하여 적용시켰다. 바울과 달리 그는 무사도라는 밑나무에 기독교라는 접순(接筍)을 붙였다. 그에 의하면 무사도는 일본이 만들어낸 최고의 선한 산물이다. 그러나 이것만으로는 일본을 구원하지 못한다. 따라서 무사도에 기독교가 접목되어야 한다. 그럴 때 기독교는 세계 최고의 선이 되며, 일본만이 아니라 세계를 구원할 수 있는 구원의 종교가 된다. 따라서 어디까지나 무사도 정신을 가지고 예수와 함께 살아가야 한다는 것이다.

만약 무사도가 기독교를 준비하는 것이고 기독교가 무사도 정신의 완성이라면, 이 두 사상은 질적 차이를 가지지 않는 것이 된다. 이는 결국 무사도가 가진 잠재적인 힘에 의해 기독교 신앙이 성장할 수

---

16 『天皇制下のキリスト教』, 20.

있다는 것이다. 따라서 예수 그리스도를 유일한 구주로 믿는 "회심"
은 필요가 없다. 메이지 초기에 그렇게 많은 일본인이 영어와 서양 문
물을 배우기 위해 교회로 몰려들었다가 결국에는 포기하고 떠나간 것
은 대부분 이런 생각을 가졌기 때문이었다.[17] 게다가 무사도 정신에
의해 기독교가 완성된다는 우찌무라의 주장은 부인 전도사인 수잔 발
라드(Susan Ballard)의 다음과 같은 비판을 받았다. 즉 무사도 자체가 남
성 중심의 사상이기 때문에 일본의 기독교가 남성 우월주의적인 종
교가 되어버렸다는 것이다.[18] 무사도 정신에 기초한 일본적 기독교는
바로 그 남자 옆에 존재하는 약자들과 이웃들을 학대하고 박해하는
제국주의적 우월주의 윤리에 침몰된 기독교에 지나지 않는다.

　　무사도론이 화제가 되자 일본 내에서 기독교는 일본에 적대적
인 종교가 아니라 천황제 이데올로기와 공생할 수 있는 종교라고 떠
들어대는 사람들이 생겨났고, 너도나도 "일본적"이 되어갔다.[19] 이는
무사도의 배경에 있는 "국체론"과 몸을 섞은 일본적 기독교에 성큼
다가간 것이었다. 발라드의 비판대로 일본의 기독교회 역시 일본의
제국주의적 민족 우월주의에 흠뻑 빠져들었다. 예를 들면 메이지 천

17　『天皇制下のキリスト教』, 21.

18　『天皇制下のキリスト教』, 21; 무사도 기독교에 관해서는 다음을 참조하라. 深谷
潤, "内村鑑三の「武士道に接木されたキリスト教」に関する間文化的哲学における
一考察", 『西南学院大学人間科学論集』 第10巻 第1号(2014. 8.), 23-39(29). 塚田
와 深谷가 소개하는 무사도 기독교에 대한 평가는 유사하다. 그들이 말하는 무
사도 기독교는 다음과 같이 정리될 수 있을 것이다. 첫째로 일본인의 보편적 가
치에 의한 기독교, 둘째로 왜곡된 서양 기독교에서 회복된 본래적 기독교, 셋째
로 일본으로 토착화된 일본적 기독교.

19　『天皇制下のキリスト教』, 22-23.

황제 이데올로기 정권이 처음으로 치른 대외 전쟁인 청일전쟁(1894-1895년)은 일본이 외국 열강에게 국력을 평가받는 기회라고 하여 일본 전체가 민족 우월주의적 국수주의의 광기에 휩싸여 있었는데, 기독교 역시 당연하다는 듯이 천황교 광신도의 모습을 드러냈다.[20] 우찌무라는 "전쟁은 실로 문명국이 야만국에 줄 수 있는 교훈의 회초리"라며 민족 우월주의를 드러냈다. 우찌무라에 의하면, 청일전쟁은 조선에 대한 청나라의 폭정을 응징하는 정의로운 전쟁이었다. 더욱이 그는 "19세기 세계의 2대 영웅은 독일의 비스마르크와 일본의 천황"이라고 말한 헝가리 민족주의자 코슈트 러요시(Kossuth Lajos, 1802-1894년)를 인용하면서 다음과 같이 말했다. "코슈트로 하여금 이런 말을 하게 한 것은 우리 위에 존재하며 우리가 존숭하는 천황이 그 신하들에게 위대한 사업을 베풀어주셨을 뿐만 아니라 아시아의 몇 억, 몇 조의 백성들도 이처럼 넘치는 은혜를 받았기 때문이다."[21] 그들에게 청일전쟁은 천황의 특별하고 위대한 사업이었고, 천황의 은덕으로 미개한 아시아의 모든 나라에 빛을 비추는 사업이었다.

무사도는 사무라이 출신의 우찌무라에게 어찌 보면 당연한 것이었는지도 모른다. 그가 존경한다는 사람은 메이지 유신의 최고 공로자였던 사이고 다카모리였다. 우찌무라는 그를 "기독교인"이라고까지 칭송했다.[22] 비록 우찌무라가 비전쟁론자로 바뀌어가지만, 그의 기본적인 생각은 문명이 야만을 정복한다는 사무라이적 투쟁사관이

20　『일본의 정신과 기독교』, 173.

21　http://kennjinoshosai.hatenadiary.jp/entry/2018/05/06/180845.

22　"内村鑑三の「武士道に接木されたキリスト教」に関する間文化的哲学における一

었다. 그는 문명화된 일본이 미개하고 야만적인 아시아 국가들을 개화시키는 천직을 하늘로부터 받았다고 확신했다. 무사도 정신에 접목된 일본적 기독교회 지도자들은 자기 중심적인 문명론에 도취되어 갔다. 벤더슨이 일본의 기독교를 "일본교 그리스도파"로 매도했던 이유가 여기에 있다.[23] 천황제 이데올로기가 중심인 "일본적 기독교"는 이웃과 국가를 논하고 생각할 수 있는 소지를 가질 수 없었던 것이다.

7. 일본에서 시작된 교회의 특징

여기서 일본의 개신교회가 초창기부터 "일본적 기독교"로 향하지 않을 수 없었던 이유가 궁금해진다. 국가권력이 강하고 일본 국민성이 습합(褶合)적이라 할지라도 복음은 삶을 변화시키는 개조적 능동성을 가지고 있기 때문에 일본 교회사에서 조금은 긍정적인 요소를 발견할 수 있다는 가능성을 무시할 수는 없다. 따라서 천황제 이데올로기에 꼼짝없이 당하는 교회의 시작 부분을 갈무리할 필요가 있을 것이다.

일본에 개신교가 전래되는 형식은 크게 두 가지 방식이었다. 하나는 파송된 선교사들에 의한 전파였고, 다른 하나는 근대화에 맞추어 시작된 학교에 고용된 외국인 교사들에 의한 전파였다. 일본 교회

考察", 29.

23　『天皇制下のキリスト教』, 14.

사는 개신교의 시발지(始発地)로서 삿포로 밴드(Band), 요코하마 밴드, 그리고 구마모토 밴드라는 세 지방의 기독교 모임을 꼽는다.[24] 구마모토와 삿포로 밴드는 외국인 교사들에 의한 전파에 속하며, 요코하마 밴드는 파송된 선교사들에 의한 전파에 속한다. 각 밴드는 메이지 유신과 맞물려 시작되었다. 이 밴드들을 구성한 인물들은 대체로 1850년대 전후로 태어난 막부 말기의 토족 집안 자녀들로서 사무라이들이었다. 그들은 무사도 정신을 가지고 애국심에 불타는 자들이었다. 그런 사람들이 쇄도하는 서양 문물과 함께 메이지 유신이라는 격변의 시대를 경험하고 적응하는 가운데서 기독교를 만난 것이다. 세 밴드 출신의 사람들이 근대 일본 교회와 사상사에서 차지하는 역할은 대단하다. 세 밴드가 각자 특이한 확립을 추구했기 때문에 일률적으로 평가하는 것은 위험하지만, 여기서 간략하게 짚어보고자 한다.

(1) 구마모토 밴드

1871년 구마모토항(藩)은 청년 육성을 목표로 하나오카산(花岡山)에 구마모토 양학교(熊本洋學校)를 설립하고, 미국의 퇴역 장교였던 제인즈(L. L. Janes, 1838-1909년)를 교장으로 초빙했다. 그는 미국 육군사

---

24 여기서 "밴드"(band)라는 용어는 하나의 결의에 따르는 일체감을 가진 집단, 그룹, 단체, 동아리 등을 나타낼 때 사용되었다. 일본 역사에서 "밴드"는 신앙적 일체감을 지닌 집단을 의미한다. 이하의 설명은 다음 책에서 많이 차용했다. 『일본의 정신과 기독교』, 97-101; 岩崎孝志, 『日本近代史に見る教会の分岐点』(いのちのことば社, 2016), 33-37.

관학교와 영국의 럭비 스쿨(Rugby School)을 모델로 하여 학교를 운영했다. 이 학교는 처음에 성서를 가르치지 않았지만, 개교 3년 후에는 토요일마다 성서를 가르쳤다. 성서반 참가자들이 점점 늘어서 자연스럽게 그리스도를 믿고자 하는 헌신자들까지 생겨났다. 1876년에는 "하나오카 봉교 취의서"(花岡奉教趣意書)라는 결의문에 35명의 학생이 서명했다. 여기에는 "복음"이라는 단어가 전혀 등장하지 않지만, 이는 하나님 나라를 일본 땅에서 이루어내자는 중심 사상에 학생들이 맹세하고 결의한 것이다.

이 봉교 취의서 사건으로 구마모토 양학교는 폐교되고, 제인즈는 미국으로 떠난다. 그는 임직받은 선교사는 아니었지만, 떠나기 전에 22명의 학생에게 세례를 베풀었다. 양학교 출신의 학생들은 학교가 폐교되자 도시샤(同志社) 대학으로 떠났다.[25] 그 후 그들은 칸사이 지방을 중심으로 전도하면서 "쿠미아이교회"(組合教会, 조합교회)를 형성하여 "일본기독교회"와 양대 산맥을 이루었다. 그들은 에비나 단죠(海老名弾正, 1856-1937년)가 대표하듯이 외국의 헌금 원조로부터 빨리 독립하여 서양 교회와는 다르게 교파교회적 고유성과 독자성이 가지는 경계성을 타파하고 세상 속에 녹아 들어가는 동질화를 주장하면서 일본적 기독교를 추구했다. 일본만의 교회, 조선 교화의 급무 등을 주장했던 조합교회는 1941년 교단에 통합되면서 역사에서 사라진다. 구마모토 밴드가 가지는 역사적 의미는 천황제 국가

---

25   당시는 도시샤 영(英)학교였다. 도시샤는 니이지마 죠(新島襄, 1843-1890년), 아메리칸 보도, 그리고 구마모토 밴드라는 세 기둥에 의해 형성되었다.

만들기에 "국가주의적" 교회로서 협력했던 "신신학"에 발 빠르게 경도된 교회라는 사실에 있다고 할 수 있다.[26]

(2) 삿포로 밴드

삿포로 밴드는 삿포로 농학교에 초빙된 생물 농업학자 클라크 (William Smith Clark, 1826-1886년)의 깊은 영향으로 형성되었다. 그의 체제는 단지 8개월에 불과했지만, 많은 학생에게 감화를 주었다. 그는 그리스도인들의 신앙과 생활에 초점을 맞추면서 그리스도에 대한 고백, 십자가에 대한 감사, 그리고 진리에 대한 의무를 중시하며 그에 헌신하는 방향성을 심어주었다.

클라크는 일본 학교로 부임하기 이전에 에드워드 에글스톤 (Edward Eggleston, 1837-1902년)이 미국 서부에 세운 "기독교면려교회"(Church of Christian Endeavor)에 출석했었다. 이 교회는 신조를 가지지 않는 회중교회로서 회원들의 서명에 의해 운영되는 서약(誓約)주의적 교회였다. 이는 무(無)신조주의가 복음 전도에 알맞다고 주장했던 교회로서, 아주 근본적이며 기본적인 최소한의 내용이 기술된 서약에 서명하고 적당한 때가 되면 세례를 받아 교회원이 되는 형식을 가졌다. 즉 하나님과의 약속보다도 사람 간의 약속을 중요한 것으로 여기는 교회였다. 이런 신앙적 경력을 가진 평신도 클라크는 삿포로에서 학생들에게 학문뿐만 아니라 본인이 가졌던 신앙을 전달

---

26   『岩波キリスト教辞典』(2002), 333.

했다.

샷포로 밴드는 클라크가 작성한 "그리스도를 믿는 자의 서약"(Covenant of Believers in Christ)에 서명한 학생들 가운데 입교하여 교회를 형성했던 약 15명의 청년단을 일컫는 용어다. 구마모토의 "봉교 취의서"가 황국 개념을 사용하여 국가의식을 강조했다면, 이 "서약"은 기독교인의 상식적인 신앙과 생활을 강조했다고 할 수 있다.

클라크가 떠난 후 농학교에 입학한 우찌무라는 친구의 소개로 기독교에 입교하게 된 소감을 "이성과 양심이 긍정하는 문명 개화적 합리성과 근대성으로의 회심"이었다고 술회했다.[27] 1878년에 우찌무라는 "이 교파를 비롯하여 모든 교파에 관해 특별한 가부를 생각하지 않고" 감리교 하리스 목사에게 세례를 받았다고 한다.[28] 우찌무라에게서 볼 수 있듯이, 샷포로 밴드는 교파나 전통에 얽매이기보다는 자유로운 정신으로 기독교를 이해하려는 개인주의적인 신앙의 태도를 발전시켰다. 그들은 자기들만의 작은 교회(toy church)를 조직하고 1881년에는 클라크가 가르쳤던 "서약"을 중심으로 무교파 개신교인 "샷포로 기독교회"를 세우지만, 선교사와의 관계가 악화되면서 교회의 공회성이 아닌 독자적인 노선을 택한다. 기독교는 종교 진화의 정점에 있기 때문에, 샷포로 교회는 다른 종파와의 일치와 교리상의 관

---

27 『日本近代史に見る教会の分岐点』, 37.

28 大山綱夫, "札幌バンドの性格をめぐって: 札幌におけるアメリカ・プロテスタンティズムの展開", 『基督教学』(Hokkaido Society of Christian Studies, 1974), Vol 9. 1-22(12).

용을 주장하면서 "삿포로 독립 기독교회"(1891년)를 세워 성례전을 폐지하고 오로지 "성서만"을 주장하는 무교회주의로 나아갔다. 이것은 곧 삿포로 밴드 자체의 소멸로 이어진다.

삿포로 밴드의 특징은 우찌무라와 니토베 이나조(新渡戸稲造)라는 두 인물을 통해 이해될 수 있다. 니토베 이나조는 국제연맹 사무국 차장을 지낸 인물로서 우찌무라와는 다른 관점에서 『무사도』(武士道, The Soul of Japan, 1900년)를 출판하여 일본을 세상에 소개한 인물이다.[29] 이들을 통해 알 수 있듯이, 삿포로 밴드는 클라크의 평신도 전도를 계승하여 성례전을 부정하고, 직업적 교직제도를 부정하며, 교파성에 구속되지 않는 기독교를 중요하게 생각했다. 이는 경건하며 윤리적이었지만, 공교회적 성서 해석이 부족하여 결국에는 국가주의와 자유 신학 등의 깊은 영향으로 애매하고 혼란스러운 형태로 역사에서 사라졌다.

⑶ 요코하마 밴드

상기의 두 밴드가 평신도에 의해 시작된 기독교 운동이었다고 한다면, 요코하마 밴드는 앞에서 잠시 언급했듯이 정식으로 파송받은 선

---

29 우찌무라의 무사도와 니토베의 무사도에는 유사점과 상이점이 있다. 예를 들면 니토베는 무사도를 "현대 일본의 도덕"으로서 이해하고자 했다면, 우찌무라는 "무사도는 일본인의 길이며, 일본 도덕을 총칭"하는 것이라고 생각했다. 두 사람의 무사도에 대한 비교 연구에 관해서는 다음을 보라. La Fay Micheal, "ラフェイミッセル新渡戸稲造と内村鑑三の武士道", 『基督教学』(Hokkaido Society of Christian Studies, 2010), Vol 45, 30-39.

교사들에 의해 1872년에 설립된 "기독공회"를 중심으로 전개된 교회였다.[30] 선교사 발라가 운영했던 사설 어학원에 모여든 토족 출신의 젊은 청년들이 자연스레 기독교에 관심을 가지게 되어 선교사가 인도하는 열린 기도회에 매주 참여함으로써 시작된 것이 요코하마 밴드였다. 그 결과로 1872년 요코하마에 일본 최초의 개신교회인 "일본기독공회"가 탄생하게 되었다. 발라 선교사가 임시 목사로서 일본인 목사가 세워질 때까지 잠정적으로 목회를 담당했다. 다시 말해 이 교회는 외국인 목사가 아니라 일본인 목사에 의해 독립적으로 형성되기를 원했던 교회였다. 여기에는 "일본기독공회"라는 이름에서 엿볼 수 있듯이, 특정한 교회 교파에 소속되기보다는 보편적이며 공동적인 교회를 세워가겠다는 생각이 깔려 있었다. 이런 경향은 일본에 세워진 개신교회의 공통적인 특징이라고 할 수 있다. 그들은 특정한 외국 선교단체나 교파에 의해서가 아니라 자신들에 의해 초교파적이며 보편적인 교회가 세워지기를 바랐다. 선교사들 역시 이런 움직임에 동조했다. 그리하여 동년 9월에 개최된 "공동선교사 회의"는 "금후 일본에서 형성되는 교회는 명칭, 조직 등이 가능한 한 하나로 동일한 것이 되도록 해야 한다. 명칭은 그리스도의 교회로서 '공

---

30 Samuel R. Brown(1810-1880년)과 Guido Herman Verbeck(1830-1898년)는 네덜란드 개혁파 교회(Dutch Reformed Church)가 파송한 선교사였고, James C. Hepburn(1815-1911년)은 장로교회(Presbyterian Church)가 파송한 선교사였으며, James H. Ballagh(1832-1920년)는 아메리카 네덜란드 개혁파(Reformed Protestant Dutch Church, 현재 Reformed Church in America)에서 파송한 선교사였다.

회'로 한다"[31]는 공회주의를 채택했다.

그 당시 삿쵸토히를 중심으로 하는 관군이 승리하면서 이에 대항했던 사바쿠파(佐幕派) 출신의 적군(賊軍, 반란군, 즉 막부 측) 청년들은 정치의 장(場)으로 나가는 출세의 길이 가로막혀버렸다. 그들 가운데 많은 청년이 실의와 낙담에 빠진 채 요코하마에 모여들었다. 정치 입문에 실패한 그들은 선교사들이 운영하는 요코하마의 영어 학원에서 종교만이 아니라 서양의 문화와 문물을 배워 입신양명하고자 필사적인 노력을 기울였다. 따라서 그들은 기독교에 입문하여 목회자를 향해 나아가지만, 기독교와 일본적인 것을 조화시키려는 생각을 언제나 품고 있었다. 그들은 무엇보다 정치적 성향이 강했지만, 구마모토 밴드와는 다르게 이를 겉으로 드러내지 않았다. 그러나 선교사로부터 신학적·경제적으로 완전히 독립된 일본(적) 교회를 형성하겠다는 생각은 다른 두 밴드와 동일했다. 이들은 일본에서 가장 큰 개신교 교회가 되었다.

평신도 선교사에 의한 선교는 무엇보다도 "교회"에 대한 충분한 신학적 이해와 깨달음이 수반되지 않은, 오히려 종교, 문화, 윤리의 교화와 심정적 측면이 강조되는 선교였다. 이에 반해 요코하마 밴드는 교회의 일본적 독립을 강조하는 공회로서, 대표적인 인물들은 도쿄 신학사를 설립한 우에무라 마사히사(植村正久, 1858-1925년), 메이지학원 총리 이부카 카지노스케(伊深梶之助, 1854-1940년), 아오야마 학장인 혼다 요우시츠(本多庸一, 1849-1912년) 등이다. 이들은 분명 형

---

31   『日本近代史に見る教会の分岐点』, 34.

식적 측면에서 교회 중심적인 태도를 취한다. 그러나 교회의 내용적인 측면(천황교와의 투쟁 등)에서는 습합적 기질을 보여준다. 그들은 현실적 문제보다는 현실을 떠난 추상적·형이상학적 신학론에 관심을 가지면서 기독교의 살길을 모색했다.

⑷ 세 밴드의 합일점

기독교가 한국에서는 서민 계층으로, 일본에서는 지식층으로 들어갔다고 말하기도 한다. 실제로 일본에서 기독교 개종자들이 처음 발생했을 때, 그들 대부분은 몰락한 토족 출신이었다. 그 당시는 바야흐로 근대화, 산업화, 서구화에 목을 맨 시대였다. 너도나도 양학을 배우겠다고 나섰고, 교회 간판을 "기독교 강의소"라고 할 정도였다. 교회 예배가 일종의 서양 인문학의 "연설회"와 같은 양상이었기에, 교회는 서양의 문화와 문명을 배우려는 사람들로 북적거렸다.

　　그러나 서구 기독교를 접하게 된 젊은 토족층 자녀들 사이에서는 동의와 반발이 공존했다. 그들은 선교사들이 전하는 기독교를 비판하면서 그들 스스로 신학적 지평선을 새롭게 개척하려는 강한 욕구를 품었다. 즉 "일본적 기독교"의 필요성에 대한 발언이 처음부터 적지 않았던 것이다.[32] 그 당시 도시샤 교장이었던 요코이 토키오(橫井時雄, 1857-1927년)는 "지금까지의 기독교는 서구 영국과 미국의 기독교다. 지금부터는 '일본풍의 기독교'를 발전시켜야 한다"고 주장

32　　『일본의 정신과 기독교』, 165-167.

했다. 우에무라 역시 "유형적 나라 위에 하나님 나라가 존재"한다고 가르치면서 일본 위에 심긴 기독교를 주장했다.[33] 우찌무라는 천황에 대한 충/효의 합일점으로서 기독교를 주장하면서, 이는 "두 개의 J", 즉 하나는 예수 그리스도, 다른 하나는 일본을 위한 것이라고 말했다. 조합교회의 오자키 히로미찌(尾崎弘道)는 도덕종교가 국가의 원기와 생명이 된다고 말하면서 기독교야말로 일본의 도덕종교라고 주장했다. 세 밴드 출신의 사람들에게서 볼 수 있듯이, 1870년대 이후 일본에서 시작된 일본 개신교의 특징은 천황제 이데올로기를 기초로 일본의 근대화를 위해 국민을 계몽시킴으로써 천황교 국가 세우기의 일익을 담당하는 것에 있었다.

8. 삼교회동(三敎会同)

1900년대가 되면서 천황제 이데올로기를 기반 삼아 국가종교 정책을 보다 노골적으로 실시하기 위해 종교 어용화 정책이 실시된다. 그 전형적인 정책이 1912년에 실시된 "삼교회동"이다. 부국강병과 식산흥업(殖産興業, 메이지 정부의 신산업 정책)을 중심으로 청일전쟁과 러일전쟁에서 모두 승리한 메이지 정부는 민족 우월주의에 입각한 대동아공영권 사상을 보다 확고하게 다지기 위해 천황교 신앙으로 국민정신의 통합을 이루고자 혈안이 되었다. 예를 들어 6년제 의무교

---

33   『일본의 정신과 기독교』, 102.

육 제도의 확립(1907년)과 보신칙서(1908년)를 통해 국민 교육을 통제하는 동시에 종교정책에도 손을 댔다. 그것이 "삼교동맹"이었다.

1912년 서구를 순방하면서 종교의 중요성을 통감한 토코나미 타케지로(床次竹二郎)가 내무차관에 임명되었다. 그는 신도, 불교, 기독교의 "삼교회동"을 통해 국민도덕의 함양과 증진을 위해 종교를 정치에 이용하려는 계획을 세웠다. 그 방안으로 "삼교동맹 실현화"를 발표했다. 매스컴은 정부가 종교를 이용한다는 논조로 보도했고, 신도와 불교는 토코나미의 제안에 반대했다. 그런데 오히려 기독교 측은 거의 환영에 가까운 입장을 발표했다. 세 종교의 반응에 대해 토코나미는 "삼교동맹에 관한 나의 의견"을 통해 다음과 같이 설명했다.

1. 종교와 국가를 서로 결합시켜 종교에 권위를 부여하고 일반 국민이 종교를 중요하게 생각하는 기풍을 가지도록 하기 위함이다. (메이지 유신 때에 폐불훼석[廃仏毀釈]을 통해 잃어버린 불교가 회복되었고, 기독교 역시 당시에는 혐오와 배척을 당했지만 이제는 자유로운 종교가 되었기 때문에, 바른 권위를 가진 종교가 되도록 해야 한다.)

2. 각 종교가 서로에게 다가감으로써 서로 밀착하여 시대의 진운(進運)을 부익할 수 있는 하나의 세력을 이루고자 함이다. (기독교에 관해 말하자면, 마치 자신들의 식민지를 건설하는 것과 같은 태도를 버리고 우리 국체에 부응하여 인정풍속[人情風俗]과 조화를 시

도해야 할 것이다. 미국에는 미국의 기독교, 독일에는 독일의 기독교가 있는 것처럼, 일본에는 일본의 기독교가 확립되기를 바란다.)[34]

게다가 토코나미는 "삼교회동"은 삼교합동이 아니라, 고유성을 지닌 세 종교를 각기 구별할 뿐만 아니라 종교와 교육 사이의 경계를 명확하게 인정하는 것이라고 말하면서, 특히 기독교에 관해 다음과 같이 부언했다.

> 금번 기독교를 함께 회동시키고자 한 이유는…종교의 자유가 허용된 오늘날 이미 일본에 존재하는 하나의 종교에 대해 일시동인(一視同仁)의 자세로 임하는 것은 당연한 일이기 때문이다. 이로 말미암아 기독교와 함께 진운을 위해 공헌하고자 하는 것은 곧 동일한 존황애국의 정신으로 함께하기 위함이기 때문에, 망동하여 이 제안을 배척하는 태도를 취한다면, 이는 아량 없는 행동이며, 오히려 반항적인 분위기를 만들어내는 것으로 끝날 것이다.[35]

여기서 토코나미는 기독교를 어디까지나 존황애국을 위한 동지로서 받아주겠다는 회유책을 펼치면서, 넓은 아량으로 국가의 운명을 위해 함께 나아가자는 취지를 보여준다. 1912년 2월 25일에 내무성의

---

34   床次竹二郎, 『床次竹二郎伝』(床次竹二郎伝記刊行会, 1939), 252-253.
35   『床次竹二郎伝』, 253.

초대로 삼교회동이 개최되었는데, 정부 측에서 많은 대신이 출석했으며, 종교 관계자들 중에서는 불교와 신도의 대표자들, 가톨릭의 주교 대리인, "일본기독교회"의 혼다 요우이츠, 이부카 카지노스케, 그리고 그 외의 여러 교파로부터 약 70명이 출석한 가운데 회의가 진행되었다. 그리고 그다음 날 삼교 측이 전날과 동일하게 "카조크"(華族) 회관에 모여 다음과 같은 건의안을 채택했다.

작금 삼교회동을 추진하고 개최한 정부 당국의 뜻은 종교 본래의 권위를 존중하고, 국민도덕의 진흥과 사회풍조의 개선을 위해 정치, 교육, 종교의 세 분야가 각자의 분야를 지키는 동시에 상호 협력함으로써 황운을 부익하고 시대의 진운을 도와가는 것에 있다. 이는 종교의 본래 뜻과 서로 합하기 때문에, 우리는 그 뜻을 인정하고, 장래에 각자의 신앙 본의에 입각하여 분투 노력함으로써 국민 교화의 큰 임무를 완수하기를 바란다. 동시에 정부 당국자도 성심성의로 관철하고 노력하기를 바라며 다음과 같이 결의한다.

1. 우리는 각자의 교의를 발휘하여 황운을 부익하고 바라보며, 나아가 국민도덕의 진흥을 도모하기를 바란다.
2. 우리는 당국자가 종교를 존중하여 정치, 종교 및 교육에서 서로 융화되어 국운 신장에 도움이 되기를 바란다.[36]

---

36   『床次竹二郎伝』, 255.

"삼교"가 가진 자율성과 고유성은 "황운 부익"이라는 동일한 목적 아래에서 이루어졌다. "일본기독교회"의 대표로 참석했던 이부카는 다음과 같이 술회했다. "기독교 입장에서 보면, 금번의 일로 사실상 기독교는 불교와 신도라는 두 종교와 동등한 대우를 받게 되었다. 이는 이론적으로 당연한 것이었지만 실제로 오늘에 이르기까지 전혀 그러하지 못했다. 기독교는 별종이었고, 어린이 취급을 받아왔다. 따라서 이런 잘못을 바로잡음에 있어 이번 삼교회동은 도움이 될 것이다."[37] 기독교인들은 기독교가 이제 국가에 의해 하나의 종교로서 인정받게 되었다는 사실에 흥분을 감추지 못했고, 따라서 국가와 함께 동일한 목적선상에 있게 되었다는 사실에 감격했다(복음신보, 12. 26). 사실 "삼교회동"은 기독교를 포함한 일본의 종교가 국가의 목적에 습합되어 국가와 교회가 동일한 목적을 가지게 된 사건이었다.

적어도 교회신학적인 측면에서 하나님으로부터 유래하지 않는 권력은 없다. 교회 역시 교회의 외부에 하나님의 뜻에 합당한 공적 질서가 확립되기를 바란다는 의미에서 국가(권력)의 존재를 인정한다. 교회와 국가는 본래적인 의미에서 하나님의 말씀이라는 동일한 근원에서 파생된 기관(institution)이다. 국가는 정의와 평화를 베풀어야 할 의무가 있고, 교회는 하나님 나라의 법과 의를 상기시킴으로써 통치자와 피통치자에게 책임을 일깨울 임무가 있다. 교회와 국가는 이처럼 각자 임무를 가지고 있기 때문에 자기만의 목적을 위해 존재할 수 없다. 삼교동맹은 본래적 자기의 고유한 임무에서 벗어나 신

---

37   『일본의 정신과 기독교』 상권, 266.

화적이며 민족적인 것을 기초로 하여 국가와 교회가 하나의 목적적 존재로 존재하고자 약속한 사건이다. 그러나 사실 교회와 국가가 동일한 목적선상에 있다는 것 자체가 타락이다. 즉 일본에서 기독교는 천황제라는 심연에서 방황하는 처지가 된 것이다.

9. 일본기독교회의 바르트 신학 수용

메이지 유신 이후로 서양에서 들어온 기독교는 아주 순조롭게 "일본적 기독교"로 리모델링 되어갔다. 화혼양재(和魂洋才) 정신은 기독교에서도 마찬가지였다. 이런 "일본화"는 1926년부터 시작되는 이른바 "쇼와 시대"가 되면서 보다 철저하고 지독한 상황을 맞이하게 된다. 사실 1930년대는 "일본적 기독교"가 더욱 철저해지는 시대였다.[38] 더욱이 이 시대는 일본 기독교계가 제1세대에서 제2세대로 옮겨가는 세대 교체기였다. 예를 들어 타카쿠라 토쿠타로(高倉德太郎), 쿠와타 히데노부(桑田秀信, 1895-1975년), 쿠마노 요시타카(熊野義孝, 1899-1981년) 등이 교계 무대로 등장한 시대였다.

그런데 제1세대와 비교하여 제2세대는 더 깊이 천황제 이데올로기에 세뇌되었다. 그들의 국수주의적이며 우월주의적인 천황제 신학은 그들이 칼 바르트(Karl Barth, 1886-1968년)의 신학을 어떻게 수용

---

38 1930년대에 "독일적 기독교", "조선적 기독교" 등의 운동들이 어떤 의미에서든지 각 나라에서 일어나면서 기독교와 국가(또는 민족, 역사, 문화)는 서로 변칙적이며 타협적인 모습으로 나아갔다.

했는지를 통해 구체적으로 드러난다.

보충 (5) 칼 바르트: 1920-30년

1914년에 "93인의 성명서"(Manifest der 93)가 발표되자 이 내용을 접한 바르트는 윤리학적으로나 교의학적으로, 성서 강해적으로나 역사적으로도 이것을 도무지 받아들일 수 없다고 생각했다. 이후 바르트는 『로마서 강해』 초판을 준비하여 1919년(1918. 12. 완고)에 출판한다.

같은 해 9월에 바르트는 탐바흐(Tambach)에서 개최된 종교사회주의자 강연회에서 "사회 속의 그리스도인"(Der Christ in der Gesellschaft)을 발표한다. "그리스도인이란…기독교 신자를 말하는 것이 아니다.…선택된 소수의 종교사회주의자도 아니며, 우리가 생각하기에 아주 고결하고 경건한 기독교인으로 추앙받는 사람들도 아니다. 그리스도인이란 우리 안에 있으면서 우리가 아닌 것으로, 바로 우리 안에 있는 그리스도다."[39] "우리가 할 수 있는 것은 오로지 하나밖에 없다. 그 하나조차도 행하는 것은 실로 우리가 아니다. 왜냐하면 기독교 사회 가운데서 하나님의 역사하심에 주의를 기울이며 그분께 순종하는 것에 우리는 그 어떤 것도

---

39 雨宮栄一, 『ドイツ教会闘争の史的背景』(日本キリスト教団出版局, 2013), 167에서 재인용. 원문은 다음을 보라. Karl Barth, *Der Christ in der Gesellschaft. Eine Tambacher Rede*. Bücher vom Kreuzweg. Folge 1, (Würzburg: Patmos-Verlag, 1920); 독일 역사학자 Klaus Scholder는 *Die Kirchen und das Dritte Reich*(1977)에서 20세기를 대표할 수 있는 가장 중요한 신학 강연으로 다음의 세 강연을 강력하게 추천했다. 1. Karl Holl, "Was verstand Luther unter Religion?"(1917): 20세기 초 루터 르네상스(Luther Renaissance)의 발흥. 2. Karl Barth, "Der Christ in der Gesellschaf"(1919): 사회 속에서 그리스도인이란 무엇인가? 3. Rudolf Bultmann, "Das Neus Testament und Mythologie"(1941): 불트만의 비신화화에 관한 강연.

할 수 없기 때문이다."[40] 그에게는 칼 홀(Karl Holl, 1866-1926년)이 주장하듯이 인간이 가진 양심조차도 하나님의 은혜의 결합점이 될 수 없었다. 왜냐하면 독일인의 양심은 유대인을 배제하는 양심이었기 때문이다.

1920년 4월 17일, 바르트는 아라우 강연에서 "성서적 질문, 이해, 그리고 전망"(Biblische Frage, Einsichten und Ausblicke)이라는 주제 발표를 통해 성서의 계시성을 분명하게 제시한다. 그는 고트홀트 레싱(Gotthold Ephraim Lessing, 1729-1781년) 이후 근대 프로테스탄트 신학에 큰 짐이 되어왔던 성서와 계시 문제에 대해 명확한 답을 던졌다. 성서를 오로지 역사적 산물로만 간주하고 계시로 보지 않았던 그들과는 반대로 성서가 하나님의 계시임을 분명하게 밝힌 것이다.[41]

바르트는 『로마서 강해』 제1판, 탐바흐 강연, 그리고 아라우 강연으로 이어지는 내용들을 엮어서 제2판 『로마서 강해』를 준비하여 1922년(1921년 말에 완고)에 출판했다. 이로 인해 일어난 새로운 신학 운동을 흔히 "변증법 신학" 또는 "위기 신학"이라고 부른다. 그 후 그는 침묵을 지켰다. 그동안 독일교회는 점점 민족주의로 빠져들었다. 사실 파울 알트하우스(Paul Althaus, 1888-1966년), 에마누엘 히르쉬(Emanuel Hirsch, 1888-1972년), 게르하르트 키텔(Gerhard Kittel, 1888-1948년) 등으로 대표되는 반유대적이고 게르만 민족 중심적인 교회 형성과 국가권력에 복종하는 교회관이 주류를 이루게 되었다. 그들은 독일인의 양심 또는 독일 민족의

---

40   『ドイツ教会闘争の史的背景』, 168.

41   아라우 강연 본문은 다음을 보라. Karl Barth, *Biblische Fragen, Einsichten und Ausblicke: Vortrag gehalten an der Aarauer Studenten-Konferenz* (April 17, 1920). München: Chr. Kaiser, 1920.

고유성을 주장하며 이를 기초로 종교적·윤리적·정치적 방향성을 제시하는 "교회민족"(Kirchenvolk)을 꿈꾸었다. 이것은 인간의 죄성이 사라지고 하나님의 은총이 상실되는 자연신학에 기초한 교회 형성이었다. 사실 1920년대의 독일은 제1차 세계대전의 패전, 대량의 실업자, 세계공황, 인플레이션, 그리고 나치의 출현 등으로 이어진 정치적 고난의 연속이었다. 그런데 오히려 이런 시기에 교회에서는 예배 형식을 재검토하여 성직자와 평신도의 경계가 무너진 공동체가 출현했고, 풍성한 예배라는 미명 아래 예배 음악이 중심이 되어 주관적이며 감정적인 찬송가가 교회를 메웠다. 반대하는 목소리도 적지 않았지만, 독일교회는 게르만 민족을 중심으로 하는 민족 교회를 지향했다.

이처럼 "하늘에까지 미치는 스캔들"을 보면서 바르트는 더 이상 침묵할 수 없었다. 1930년에 바르트는 슈나이더 교수의 보고서 문장을 인용하면서, 반교회적인 스캔들이 "언제까지 계속될 것인가?"(Quousque tandem?)라는 소론을 발표하여 독일 복음주의 교회를 통렬하게 비판했다.[42] 그는 "교회의 실질"은 독일 민족의 마음에 기초한 종교심에 있는 것이 아니라 하나님의 약속에 대한 믿음에 있다고 갈파했다. 이것이야말로 자연신학을 거부하는 바르트의 논점이었다. 바르트에게 기독교는 "은총의 윤리학"이지 "양심의 윤리학"은 아니었다. 『로마서 강해』제2판에서 그의 신학은 사실 대학의 신학에서 교회의 신학으로 변화되었다고 할 수 있다.[43]

---

42   『ドイツ教会闘争の史的背景』, 155-178; 원문은 다음을 보라. Karl Barth, "Quouque tandem?", *Zwischen den Zeiten* 8 (1930), 1-6.

43   『ドイツ教会闘争の史的背景』, 173.

1930년대가 되면 민족 지상주의적 기독교 운동이 보다 두드러지게 나타난다. 선구적 역할을 했던 "독일교회동맹"(Der Bund für Deutsche Kirche, 1921년)은 보다 거칠게 독일 고향의식, 독일인 의식 등을 주장하면서 나치당에 영합해갔다. 이때 튀링겐 지방의 지그프리트 레플러(Siegfried Leffler, 1900-1983년)와 율리우스 로이트호이저(Julius Leutheuser, 1900-1942년)에 의해 "독일적 기독교인"(Deutsche Christen, 1931년) 운동이 태어났다. "튀링겐 운동 방침"의 일부분은 다음과 같다. "기독교회 역사의 완전한 어둠에서 히틀러는 우리에게 참으로 맑은 창문과 같다. 우리는 이 창문을 통해 기독교회의 빛을 바라본다. 즉 이 히틀러라는 창문을 통해 참된 구세주를 보는 것이다."[44] "독일적 기독교인"에게 히틀러는 종교적·정치적으로 하나님의 계시였다.

이런 가운데 1934년 5월 29일부터 31일까지 고백교회는 바르멘에서 제1차 전국 고백교회 회의를 개최했다. 이어서 제2차 달렘 회의(Dahlem, 1934. 10.), 제3차 아우크스부르크 회의(Augsburg, 1935. 6.), 그리고 제4차 바트 외인하우젠 회의(Bad Oeynhausen, 1936. 2.)로 이어지는 네 번의 전국 회의를 통해 투쟁의 날을 세웠다. 그들이 지닌 신학적 노선의 기본은 제1차 회의에서 채택된 것으로서 이른바 "바르멘 선언"이다(정식 명칭은 다음과 같다. "바르멘 신학 선언: 독일 복음주의 교회의 오늘날 상황에 대한 신학적 선언", Die Barmer Theologische Erklärung: Theologische Erklärung zur gegenwärtigen Lage der Deutschen Evangelischen Kirche). 본서와의 관계성을 고려하여 제5항만 여기에 기술한다.

---

44   『ドイツ教会闘争の史的背景』, 278.

제5항 "하나님을 두려워하며 왕을 존대하라"(벧전 2:17).

성경은 우리에게 국가는 하나님이 부여하시는 과업을 따라 권력을 갖는다고 말씀한다. 즉 국가는 교회가 그 가운데 속해 있으며 아직도 구원받지 못한 세상에서 인간의 통찰과 인간의 능력을 따라 정의와 평화를 유지하도록 경고하고 권력을 행사한다. 교회는 국가의 이런 기능을 인정하고 감사와 숭경함으로 승인한다. 교회는 하나님 나라와 하나님의 계명과 공의를 상기시키고, 따라서 통치자와 피통치자의 책임을 상기시킨다. 교회는 하나님께서 만물을 유지하시는 말씀의 능력을 신뢰하고 순종한다. 우리는 국가가 자기가 맡은 특별한 임무를 넘어서 인간의 삶의 유일하며 전체적인 질서가 되어야 하고 교회의 사명까지 실현해야 한다거나, 그것이 가능하다고 하는 잘못된 가르침을 배격한다. 또한 우리는 교회가 맡은 특별한 임무를 넘어서 국가적 성격, 국가적 과제, 국가적 가치를 획득하고, 그것에 의해 스스로 국가의 한 기관이 되어야 한다거나, 그것이 가능하다고 하는 잘못된 가르침을 배격한다.[45]

조금 길게 독일교회의 1920-30년대를 간략하게 짚어본 것은 일본과 유사점이 너무 많기 때문이다. 시대적 유사성은 양 교회를 유사하게 만들어갔다. 일본의 기독교가 바르트의 신학을 수용하기 시작한 것은 1930년대 초였다. 이때는 일본이 만주사변(1931년)을 일으켜 쇼와

45　바르멘 선언 제5항의 본문은 다음과 같다. 5. "Fürchtet Gott, ehret den König!"
　　　(1. Petr 2,17).
　　　Die Schrift sagt uns, daß der Staat nach göttlicher Anordnung die Aufgabe hat

파시즘이라는 흑암의 터널로 돌진하는 시대였다. 사람들은 바르트 신학의 수입이 쇼와 파시즘의 포로가 된 교회에 조그마한 초롱불이 되어 그들을 비추어주었으리라고 기대할 것이다. 그러나 바르트 신학을 수용했던 일본 교회는 쇼와 파시즘의 야만적 횡포와 폭력에 대해 교회적 투쟁의 기미조차 보여주지 않았다.

바르트의 교회신학은 국가에 대한 비판 능력을 가진 신학이었다. 바르트적 교회는 본질적으로 투쟁하는 신학적 기능을 항상 소유했다. 그러나 일본으로 수입된 바르트 신학은 달랐다. 일본 신학교의 창설과 함께 일본 신학계를 지도하며 누구보다 빨리 바르트 신학을 소개했던 쿠와타는 다음과 같이 가르쳤다. "국체정신에 성심성의를 다해 충성하는 것과 온 마음으로 기독교 신앙을 신봉하는 것 사이에는 어떤 모순도 없다."[46] 테라조노(寺園良基)는 이런 쿠와타에 대해 패전 후 그의 삶을 보더라도 그에게는 전혀 죄의식이 없었다고 비

---

in der noch nicht erlösten Welt, in der auch die Kirche steht, nach dem Maß menschlicher Einsicht und menschlichen Vermögens unter Androhung und Ausübung von Gewalt für Recht und Frieden zu sorgen. Die Kirche erkennt in Dank und Ehrfurcht gegen Gott die Wohltat dieser seiner Anordnung an. Sie erinnert an Gottes Reich, an Gottes Gebot und Gerechtigkeit und damit an die Verantwortung der Regierenden und Regierten. Sie vertraut und gehorcht der Kraft des Wortes, durch das Gott alle Dinge trägt. Wir verwerfen die falsche Lehre, als solle und könne der Staat über seinen besonderen Auftrag hinaus die einzige und totale Ordnung menschlichen Lebens werden und also auch die Bestimmung der Kirche erfüllen. Wir verwerfen die falsche Lehre, als solle und könne sich die Kirche über ihren besonderen Auftrag hinaus staatliche Art, staatliche Aufgaben und staatliche Würde aneignen und damit selbst zu einem Organ des Staates werden.

46 寺園喜基, "日本におけるカール・バルト —敗戦までの受容史の諸断面", 『日本の神学』, 2017年 56巻, 160-164(163).

판한다. 적어도 패전에 이르기까지 바르트 신학은 일본에서 "일본적 바르트주의"로 남아 있었다.[47] 그 이유는 무엇인가? 테라조노는 크게 두 가지로 설명한다.[48] 첫째로 전쟁 당시 바르트 신학의 수용이 편견적이었던 것은 신학적 추상성과 정치적 구체성의 분리 현상으로, 현실적인 정치 현장으로부터 분리된 신학적 추상성만을 추구했기 때문이다. 바르트는 나치 정권이라는 상황 속에서 현실과 동떨어진 신학을 추구하지 않았다. 바르트와 브룬너 간의 자연신학 논쟁을 오해하는 경우도 있지만, 바르트에게 있어 자연신학 문제는 나치 국가의 종교화, 히틀러의 우상화라는 정치적 구체성과의 관련성 속에서 근간을 이루는 문제였다. 현실의 정치적 움직임이 신학적 움직임으로 연결되는 것이 복음주의 신학이기 때문이다.

두 번째 이유는 "일본적 기독교"라는, 당시 일본 교회의 신학적 주류와 관련된다. 교회는 국체론을 옹호하는 어용기관이었다. 이런 상황에서 바르트 신학의 교회 투쟁성은 왜곡되었고(바르트 신학의 내재화), 교회는 그의 주장으로부터 도피하려는 경향을 보였다(바르트 신학의 초월화). 더욱이 국가에 대한 일본 교회의 체질적 허약함의 원인이 이질적인 것과 대수롭지 않게 결합하려는 일본인 특유의 "정신적 잡거성"에 있다고 꼬집는 사람도 있다.[49] 바르트는 1940년 9월 25일 일본에 있던 제자 헤셀(Egon Hessel)에게 보내는 서한에서 다음과 같

---

47 C. H. Germany, 『近代日本のプロテスタント神学』(日本基督教団出版局, 1982), 273.

48 "日本におけるカール・バルト ―敗戦までの受容史の諸断面", 161-162.

49 「福音と世界」 1967년 1월호, 22.

이 직설한다.

나는 8월에 도쿄의 마츠타니(松谷)씨로부터 편지를 받았다. 그는 내 논문들을 원문 그대로의 방식으로 몇몇을 선택하여 번역하고 싶다고 하면서 번역 허가를 원했다. 그러나 이상하게도 그것들 가운데는 내가 여기서 수년간 써 내려간 정치에 관한 신학 논문은 하나도 포함되지 않았다.[50]

"일본기독교회"는 복음의 진리를 추구하면서도 그것을 집요하게 확보하려고 하기보다는 오히려 천황교 이데올로기에 습합시킴으로써 본능적 자기보존을 챙겨온 종교 집단이라고 할 수 있다. 천황교에 습합된 "일본교 그리스도파"라는 일본적 기독교로서 역사 가운데 구체적인 모습으로 등장한 것이 "일본기독교단"(1941. 6. 24.)이었다. 따라서 이 교회를 살펴보면, "대동아전쟁" 당시 일본의 기독교회와 신학이 가졌던 기본적 모습을 알 수 있다. 이에 관하여는 상술할 여유가 없기 때문에 "일본기독교단"의 성립 과정을 제15항에서 다루고, 그들의 입장을 간명하게 설명해주는 "일본기독교단이 대동아공영권에 있는 기독교인에게 보내는 서한"(1944년)을 제16항에서 비판적으로 검토하는 것으로 만족하고자 한다.

---

50   バルト神学受容史研究会(編), 『日本におけるカ─ル・バルト』(新教出版社, 2009), 292에서 재인용.

10. 종교단체법

메이지 혁명가들에게 종교는 근대 일본 제국주의 국가를 만들기 위해 없어서는 안 될 중요한 요소였다. 그렇기 때문에 그들은 국가 통합의 기축으로 일신교적 종교가 필요하다는 합의하에 천황교를 급조했다. 천황교는 천황제 이데올로기로써 일본을 정신적·사상적으로 하나로 묶어서 강한 일본을 만들기 위한 원동력이었다. 따라서 다른 종교들 역시 자신들의 교리와 신앙적 이념을 천황교로 습합시켜 황운에 부익하는 종교 단체가 되기를 원했다. 이런 정책을 이루기 위해 그들은 일찍이 "종교 법안"을 작성하여 의회에 제출했지만 폐안되었다(1899년). 제출된 제9조는 다음과 같다. "종교의 선포, 종교상의 의식 집행, 그 외의 종교상 의제 사항에 관해 안녕질서를 방해하고 풍속을 파괴하거나, 신민의 의무를 거스르는 행위가 인정될 때, 주관청은 그 변경 또는 그것의 취소를 명할 수 있고 또한 금지할 수 있다." 그 후 제2차 "종교법안"(1927년)이, 이어서 "종교 법안"을 "종교단체법"으로 개칭한 제3차 법안이 제출되었다(1929년). 1920년대는 이미 쇼와 군국주의 파시즘이 살벌하게 집행되는 시대였다. 예를 들어 법안 제출자인 카츠다(勝田) 문부장관은 신사참배를 거부하는 교회는 행정상 아주 엄격하게 심문 취조할 것이며, 이 법안에 반대하는 기독교를 "극좌분자"로 규정하겠다고 엄포를 놓았다.[51]

그리고 1930년대가 되면 "일본은 현인신 천황 폐하가 헌법을

---

51   『일본의 정신과 기독교』, 98.

초월하여 다스리시는 신국이며 황국이다"라는 천황교 원리주의자
들의 횡포가 심해지면서 "국민정신 총동원 운동"(1935년)으로 이어
진다. 이런 쇼와 파시즘적 군국주의를 더욱 극단적으로 몰고 간 것
이 1937년에 발발한 중일전쟁이다. 이 전쟁으로 인해 정신적 총동원
을 확보하기 위해 천황교 이데올로기가 보다 급진적으로 요구되면
서 제4차 "종교단체법"이 제출되었다. 모든 종교는 대아(大我)를 위
해 소아(小我)를 죽이는 마음으로 멸사봉공하고 모든 힘을 대아에
보태어 천황제 국가윤리에 일조해야 한다는 천황교 원리주의가 요
구되었다.[52] 더욱이 1938년에 육군 대장 출신 아라키 사다오(荒木貞
夫)가 문부장관이 되면서 군부가 교육과 종교 행정을 장악했고, 이어
서 1939년 3월 "종교단체법"이 국회를 통과하여 4월 8일에 공포, 시
행되었다. 법안에 대한 정부의 발언은 다음과 같이 이어졌다.

국가와 보조를 함께 맞추어가는 종교에 대해서는 보호, 조장, 구제의
길을 새롭게 열어줄 것이지만, 공안을 방해하고 공익을 해하는 행위
에 대해서는 보다 엄격한 단속이 필요하다. 이번 종교단체법은 이런
의도 아래 성립된 것이다.[53]

만약 종교 단체 또는 교사 등이 교의상 우리나라의 신사참배를 거부

---

52   渡辺信夫 · 安藤肇 · 山口陽一 · 岩崎孝志 (著), 『教会の戦争責任 · 戦後責任』(いの
      ちのことば社, 2008), 149.
53   참조, 『일본의 정신과 기독교』, 103-112; 岩崎孝志, 『教会の戦争責任 · 戦後責任』,
      149-150; 宮田光雄, 『権威と服従』(新教出版社, 2003), 261-266.

하거나, 사람들로 하여금 참배하지 못하게 하거나, 만약 그런 나쁜 생각을 실행하고자 한다면, 이는 명확하게 안녕질서를 어지럽히는 것이다. 적어도 공익을 해하는 것으로 간주되기 때문에, 그것을 본 법안에 의해 엄하게 다스려갈 것이다.[54]

그런데 "종교단체법"에 대한 일본 기독교계의 반응은 실로 황당했다. 삼교회동 때와 마찬가지로 많은 신학자와 목회자들은 기독교가 국가 법안인 종교단체법에 처음으로 명기되어 일본 군국주의가 기독교를 신도와 불교와 같은 하나의 종교로 인정해주었다고 하면서 감개무량했던 것이다. 그들은 다음과 같이 말했다.

> 기독교 입장에서 볼 때, 이번 법안으로 아주 큰 특권을 얻게 되었다는 사실을 언급하지 않을 수 없다. 종래의 종교 법규에는 기독교라는 문자가 전혀 없었다.…그러나 이번에 우리 국가 역사 가운데 처음으로 기독교가 국가 공인단체로서 법문상에 명기되었다.[55]

이로써 교회의 실질은 하나님의 약속에 있으며 그 약속을 믿는 믿음에 의해 확보되는 것이지, 국가성이나 민족성에 근거한 약속에 있는 것이 아니라는 사실이 무색해졌다. 교회가 종교적 신앙을 인간의 내면적 문제로 스스로 제한시켜버림으로써 외면적 형태와 내면적 실

54　『教会の戦争責任・戦後責任』, 150.
55　"宗教団体法成立の意義", 『基督教年鑑1940年』, 다음에서 재인용. 『教会の戦争責任・戦後責任』, 150.

질이 따로 노는 종교로 전락한 것이다. 즉 이웃에 대한 복음 선교적 사명을 포기하고, 천황제 군국주의에 인정받음을 자랑스럽게 여기며, 황운 부익을 제일 목적으로 영위하는 교회가 되어버린 것이다.

종교단체법에 의해 모든 교회는 교리, 선교 방법, 예배 규정, 인사, 조직, 재정 등을 상세하게 문부성에 보고하여 검사를 받아야 했다. 또한 교회는 대표자로서 "통리자"(統理者)를 세워야 했고, 교회의 승인이 아니라 문부장관의 승인을 받아야 했다. 교회의 교리와 선교 행위가 "안녕질서를 방해하고 신민의 의무를 이행하지 않을 경우", 제한받거나 금지될 수 있었으며, 인가를 취소하고 권한 역시 박탈될 수 있었다(동법 16조, 25조).

문부성이 이처럼 "종교단체법"을 통해 주도권을 가지고 국가주의의 고양과 신민의식을 강화해가자 사법부도 일본 내의 반체제적인 교단을 섬멸하는 작업에 본격적으로 착수하게 되었다.

11. 치안유지법

쇼와 파시즘의 종교 사상 탄압은 1925년 2월 18일 국회에 제출된 "치안유지법"으로 거슬러 올라간다. 같은 해에 검찰청에 "사상부"(思想部)가 설치되고 형사 처벌법이 부가되어 사상범 검거가 시작되었다. 이를 통해 사법부는 공산당원, 노농당, 일본노동조합평의회, 무산청년동맹 등을 강제 해산시켰다. 치안유지라는 명목 아래 종교적·사상적·정치적·사회적 활동이 엄격하게 통제되었다.

더욱이 1941년에 "치안유지법"이 개정됨으로써 이런 통제는 보다 강압적이고 노골적으로 변했다. 특별 고등경찰이나 검사는 "천황은 현인신(現人神)인가?", "세계의 창조주는 야웨인가, 천조대신 (天照大神)인가?", "천황 폐하와 그리스도 사이에 누가 더 귀한 분인가?" 등과 같은 노골적인 질문을 던짐으로써 일본 국민에 대한 황민화 정책에 철저를 기했다. 1941년에 개정된 "치안유지법" 가운데는 다음과 같은 것도 있었다.

제7조 국체를 부정하거나 신궁(神宮) 또는 황실의 존엄을 모독하고 그것을 유포하기 위해 결사 단체를 조직하거나, 그 임원들과 지도자적 직무에 있는 자들은 무기징역 또는 4년 이상의 징역에 처하며, 이것을 알고도 결사에 가입한 자 또는 결사의 목적 수행을 위해 행동한 자들은 1년 이상의 유기징역에 처함.

12. 대동아공영권: 대동아전쟁

"대동아공영권"이란 용어가 공식적으로 처음 사용된 것은 마츠오카 (松岡) 외상이 기자회견에서 "대동아공영권 구상"을 밝히면서였다 (1940. 8. 1.). 이 구상은 그로부터 5일 전, 쇼와 파시즘의 각료회의에서 "황국을 중심으로 만주 및 중국과의 강고한 결합을 근간으로 하여 대동아의 신질서를 건설"하자는 "기본국책요항"(基本国策要項)이 결정된 것에 기초를 둔다(1940. 7. 26.).

쇼와 천황교 원리주의자들은 파시즘 국가들에 의해 세계가 필연적으로 재분할될 것이라고 인식하면서 "대동아공영권"이라는 신질서 확립을 일본의 국시로 정했다. "대동아공영권"(또는 자급자족권)은 경제공동체지역(만주, 중국), 자원공급지역(동남아시아), 그리고 방어권지역(남태평양)을 규정하여 이 지역들에서 서구 열강을 모두 몰아내고 일본 제국과 함께 공영을 이루겠다는 구상이다. 따라서 대동아공영권 사상이란 다른 민족들의 말살까지도 포함하는 일본의 침략적 자기 팽창주의의 일환이었다.

그다음 해에 일본은 "대동아 신질서(新秩序) 건설을 목적으로 전쟁"을 일으키고 그 이름을 "대동아전쟁"이라고 붙였다. 1941년 제1차(7. 2.) "어전회의"(御前会議)에서는 다음과 같은 결정이 이루어진다. "제국은 대동아공영권을 건설하고···자존자위의 기초를 확립하기 위하여···대영미전을 피하지 않는다." 제2차 어전회의에서는 "우리의 요구가 관철될 수 있는 정황이 개진되지 않을 경우, 즉시로 대미 개전(開戰)을 결의"(9. 6.)하기로 했다. 이를 기반으로 10월 18일에 육군장관이었던 도조 히데끼(東條英機: 수상 재임 1941. 10. 18.-1944. 7. 22.) 내각이 출범했다. 제3차(11. 5.) 회의에서는 "지금 전쟁 기회를 놓친다면 미국에 굴복할 수밖에 없을 것"이라고 했고, 제4차(12. 1.) 회의에서는 "이제 모든 희망을 잃어버렸다. 일본은 교섭 결렬로 전쟁을 일으킬 수밖에 없는 상황"이라고 결론을 내리고, 12월 8일 진주만을 기습 공격하여(AM 03:25) "대동아전쟁"을 일으킴으로써 보다 대범하게 침략 전쟁을 이어갔다.

"대동아공영권" 사상은 히틀러가 『나의 투쟁』에서 밝혔던, 게르만 민족의 생존권(生存圈)을 위한 레벤스라움 정책(Lebensraum Politik)과 일맥상통하는 것으로 이해될 수 있다.[56] 더욱이 일본이 다른 국가들에게 빛을 비추어 공영하겠다는 일본 중심의 우월주의와 침략주의 사상은 『일본서기』에 등장하는 팔굉일우(八紘一宇) 사상에서 시작한다.[57] 이것은 여덟의 방향과 한지붕을 뜻하는 것으로, 천하를 하나의 집으로 만들어 세계 만방을 천황의 지배 아래 두고 그의 넓은 마음과 대정신에 근거하여 세계 평화를 확립한다는 구조다. 이는 천황에 의한 도의적 세계 통일을 지향하는 천황제 파시즘의 핵심 사상이다. "팔굉일우"는 교쥰가이겐(馭戎慨言), 메이지 헌법, 국체론 등으로 이어져 내려오는 일본 중심의 세계 평정 사상이다. 이것은 천황이 세계의 어느 황제보다도 위에 있다는 "천황총제론"(天皇総帝論)으로 이어진다. 이처럼 일본에 뿌리 깊이 박혀 있는 천황 중심의 우월주의와 침략주의는 1930년대 쇼와 파시즘에서 보다 지독하고 악랄하게 드러났다. 아시아의 맹주로서 모든 나라에 빛을 비추어 평화를 세워가겠다는 신화에 기반을 둔 망상적 도발과 일본의 군국주의적 세계 평화 논리는 지금도 아베의 피를 통해 여전히 흐르고 있다고 말해도 과언이 아니다. (독일 나치즘의 민족 이론은 게르만 신화와 강력하게 연결되어 있다. 1930년대 독일의 고백교회가 그들을 "신이교주의"라고 부른 이유가

---

56 생존권이란 국가의 생존을 위해 자원 조달이나 경제적 지배가 가능한 지역을 포함하는, 국가의 자급자족을 위한 총체적 지역을 말한다. 다음을 참고하라. 아돌프 히틀러, 『나의 투쟁』(동서문화사, 2014).
57 팔굉일우 사상에서는 천황이 현인신, 유일천황, 유일신, 참신, 절대지존 등으로 간주된다. 다음을 참조하라. 新田均, 『"現人神", "国家神道"という幻想』(神社新報社, 2014).

바로 여기에 있다.)

13. 국체론(천황교 원리주의)

"기기신화"에 기초하여 "일본은 만세일계의 천황을 가진 신국"이라
는 초기 국체론은 메이지 헌법에 의해 "천황은 절대적이며 통치의
전권은 천황에게 있다"는 것으로 강화되었다.[58] 그리고 "천황 숭배를
국민도덕의 근간"으로 한다는 교육칙어에 의해 보다 강력한 정신체
계적 국체론으로 형성되었다. 천황은 법으로 다스리는 것이 아니라
"신칙"으로 다스리기에, 이는 만고불변하며 만방무비(万邦無比)한
것이었다.[59] 그렇기 때문에 일본은 신의 자손인 천황가계(天皇家係)
와 특별한 관계를 가진 천손민족(天孫民族)이라는 우월적 선민사상,
즉 신국사상을 갖고 있다. 현인신 천황의 은덕이 온 세상을 감싸고
있기 때문에, 신민으로서 천황의 업적을 익찬하고, 군신의 의(義)가
부자의 정(情)으로 이어지는 충효일치에 의해 국가의 진운을 부익하
는 것은 그지없이 마땅했다. 이와 같은 국체론은 쇼와 광신도들에 의
해 다시 한번 강조된다.

1937년에 문부성 사상국은 『국체의 본의』를 편찬하여 황조의 신
칙(神勅)을 받들어 천황이 영원히 통치하는 신국 일본은 억조일심성

58　子安宣邦, 『國家と祭祀: 國家神道の現在』(靑土社), 149.

59　신칙(神勅): 천조대신(天照大神, 아마테라스 오오카미)이라는 신이 그의 손자가
되는 瓊瓊杵尊(니니기노 미코토)를 일본에 보낼 때 내린 말.

지(億兆一心聖旨)를 받들어 섬기고 충효의 미덕을 발휘하는 동족적 가족 연합체, 즉 황실을 종가로 하는 거대한 하나의 가족질서로서의 국가라는 국체론을 확정하고 정책화했다.[60] 이렇게 선동적인 구호성 발언으로 천황제 국가 만들기를 조장하여 군국주의의 정당성을 확보함으로써 대동아공영권 사업의 완수와 국민의 총동원 및 단결을 위한 사상적·정신적 통일을 위한 기반을 다져갔던 것이다.[61] 국체론은 천황교 원리주의자를 양성하기 위한 정신교육 지침서와 같았다.

쇼와 파시즘의 "국체론" 세뇌는 독일 나치즘이 "강제적 동질화"(Gleichschaltung) 정책을 1930년대에 강력하게 밀어붙이면서 유일한 지도자인 히틀러로 말미암아 통일적으로 살고 생각하는 민족 공동체(Volksgemeinschaft)를 주장한 것과 같다. 이는 "민족의 내면적 가치를 획기적으로 육성 증진함으로써 독일 민족이라는 신체를 단련 강화시켜 하나의 유기체로 통일시키는 것"이었다. 히틀러는 "독일 민족에 우리의 새로운 정신을 주입"하여 "다시 한번 강철과 같은 강고한 민족체를 주조"하는 것이 나치당의 정책이며, "마지막 한 사람까지 독일인으로서 독일 국가의 상징을 자기 신조로 삼아 마음에 새기도록" 해야 할 것이라고 강조했다.[62] 이는 "독일 국민만이 영원한 뿌리를 내릴 수 있는, 유럽 문화의 재생을 위한 마르지 않는 원천"이

60   文部省編, 『国体の本意』(内閣印刷局, 1937), 9.

61   岩崎孝志, 野寺博文, 金山德, 道邊信夫 공저, 『主の民か, 国の民か』(いのちのことば社, 2006), 7-8.

62   https://ja.wikipedia.org/wiki/強制的同一化#cite_note-10.

라고 여겼기 때문이다.[63] 게르만 민족의 종합적 유기체와 일본식의 국체론은 동류 집단이었다. 히틀러식 파시즘은 독일 고유의 편집광적인 아리아 민족주의의 종교화였고, 천황제 파시즘은 야마토 민족 우월주의에 근거한 광신적 종교화였다. 사실 나치즘은 독일 게르만 족들이 참가하여 독일적 정체성을 군중심리를 통해 체험하면서 동의하고 승낙한 광신적 국민종교였다. 결국 히틀러는 국민적 통일성에 대한 상징으로서 나치 제사의 교주였다. 일본인들 역시 천황교 원리주의자가 되어 일본적 정체성을 체험하고 동의하면서 광신적으로 일체화가 되어갔던 것이다.

그러나 가장 큰 차이점은 히틀러의 사이비 종교적 선동에 대항하여 "나는 사랑하는 독일 국민이 거짓의 신에게 무릎 꿇는 것을 보았다"는 광야의 외침이 있었던 반면, 천황교 원리주의에 의해 무너지는 교회와 국민을 향해 고발하는 목소리를 일본 교회에서는 들을 수가 없었다는 점이다.[64]

보충 (6) 국가총동원법

제1차 세계대전이 끝난 1918년 레옹 도데(Leon Daudet, 1869-1942년)가 『총력전』(La guerre totale)을 출판했다. 총력전을 치르기 위해 동원 체제를 구축하는 국가를 총력국가라고 할 수 있는데, 국민적 총동원 체제는 여

---

63   J. F. ノイロール, 『第3帝国の神話 — ナチスムの精神史』(未来社, 1963), 162.
64   K. Barth, *Letzte Zeugnisse* (EVZ — Verl, 1969), s.34f.; 나치즘에 대한 별명으로 "제3의 종교", "종교대용물", "독일적 기독교", "나치즘적 기독교", "신이교주의적 기독교" 등을 들 수 있다.

러 형태로 근대 국가에서 찾아볼 수 있다.

일본이 러일전쟁(1904-1905년)에서 "국가 총력전"을 펼쳤다는 주장도 있지만, 보다 구체적으로 총력 동원이 언급된 것은 "전국 동원 계획 필요 논의"(1917. 9., 합참본부)에서였다. 여기서부터 시작하여 1918년에는 그 당시 최고 권력자였던 쵸슈항 출신의 육군 대장과 수상 야마가타 아리토모(山県有朋, 1838-1922년)가 전쟁을 준비하기 위해서는 "국민 모두가 들고 일어나 국력에 진력하고 소위 천하통일 거국일치의 힘"을 키워야 한다고 주장했으며,[65] "군수공원동원법"(1918년), "국가 총동원에 관한 의견"(1920. 5., 임시군사조사위원회) 등으로 이어졌다.

1937년 "국민정신총동원"이 발포되어 "국가를 위해 모든 것을 희생하고 자기를 내어놓는 국민정신" 운동이 전개되었다. 이때부터 정신뿐만 아니라 생활 자원까지 아껴서 총동원한다고 하면서 밥과 우메보시(매실을 소금에 절인 것)만을 먹는 "히노마루 도시락"이 유행했고, "국민복" 또는 "왜바지"(몸뻬)만을 입도록 했다.

그럼에도 군부와 정부는 보다 발본적인 총력전 체제 구축을 위해 "국가총동원법"(1938. 4.)을 발포했다.[66] 이는 장기화되는 중일전쟁에 대응하여 모든 국민이 총력을 기울이도록 한 것이었다. 즉 전쟁에 모든 국력을 다 쏟아붓겠다는 것으로, "사람"이나 "물건"을 국가가 전적으로 관리하게 된 것이다. 예를 들면 군수품 공장에 노동자를 투입시키는 "국민징용령" 또는 상품 가격을 국가가 결정하는 "가격통제령" 등이 발포되

---

65   德富猪一郎編, 『公爵山県有朋伝』 下巻(山県有朋公記念事業会, 1969), 1188.

66   1938년에 코노에 내각에 의해 제정된 법률로서, 총력적 수행을 위해 국가의 모든 인적·물적 자원을 정부가 통제하고 운용할 수 있다는 규정이다. 이것은 이미

었다.

1939년 7월에는 "국민징용령"이 발포되어 우리의 아픔으로 기억되는 "일제 강제 동원"이 시작되었다. 군 소집 영장이 빨간색이라서 이를 "적지"(赤紙, 아카가미) 소집이라고 했고, 징용 영장은 하얀색이었기에 "백지"(白紙, 시로가미; 강제 동원 역사박물관에 가면 볼 수 있다) 소집이라고 했다. "국가총동원법"은 1941년에 개정되어 대상을 확대하고 처벌을보다 강화함으로써 결국 대동아전쟁을 지원하는 역할을 하게 된다. 이법은 의회의 권한과 국민의 자유를 박탈했을 뿐만 아니라 언론 탄압으로 이어졌으며, 당연히 교회 예배와 설교도 철저하게 감시되었다.

사실 "국가총동원법" 제4조에 의하면, 정부는 전쟁 수행을 위해 국회의 심의 없이도 칙령(천황의 명령)에 의해 물자 동원, 국민 징용, 수출입제한, 총동원 물자 사용, 민간공장의 군수공장화, 신문 출판물 검사 등이가능했다. 이로 인해 민간인의 노동 동원도 가능해졌다. 1944년에는 "여자정신근로령"이 발표되어 여성까지 착취했다. 이 법은 당연히 한반도에도 그대로 적용되었다. "총동원"이란 용어는 이런 역사성을 무시하지 않는 범위에서 사용하는 것이 바람직할 것이다.

일본 제국이 전쟁 계획을 전제조건으로 하여 모든 것을 조정했음을 보여준다. 이는 일본 제국이 대동아전쟁 수행을 위해 만들어낸 군사용어로서, 독일의 참모장이었던 Friedrich Wilhelm Ludendorff(1865-1937년)의 "독일 전쟁 경제"(후일 『국가총력전론』 저술)에서 힌트를 얻어 나가타 테츠잔(永田鐵山)이 만든 것이다.

14. 교회의 황민화

위에서 살펴보았듯이 1920년대 중반 쇼와 시대가 되면서 천황제 이데올로기에 의한 파시즘 군국주의 체제는 더욱 노골적으로 강화되었다. 더욱이 일본은 "15년 전쟁"(1931년[만주사변]-1945년[패전])과 함께 보다 강력하게 식민지 정책을 펼쳐나간다. 대외적으로도 조선, 대만, 오키나와, 중국, 동남아시아 등의 점령지에서 충량(忠良)한 황민 만들기 정책이 강화되었다. 일본의 황민화 정책은 교회도 예외가 아니었다. 1938년 6월에는 일본기독교회의 대회장이었던 토미타 미쯔루(富田満)가 조선장로교회를 방문하여 신사참배에 관한 정부의 방침에 따르라고 설득했다. 신사는 종교가 아니라는 "신사비종교론"(神社非宗教論)을 주장하면서, 신사참배는 단순히 국민의례에 지나지 않기 때문에 성서적으로 죄가 아니라고 했다.[67]

또한 "내선일체"(內鮮一体)를 강조하여 한민족은 일본 민족과 운명을 같이하는 일본 민족의 일부라고 꼬드기면서 일본과 함께 서구 제국주의로부터 아시아 민족들을 해방시키는 데 힘을 합쳐야 한다고 강조했다. 그 당시 조선에서는 친일파 이각종(李覚鐘)이 작성하고 조선 총독 미나미 지로(南次郎)가 채택한 것으로 알려진 "황국신민서사"(皇国臣民誓詞)를 학교, 교회, 모든 집회에서 제창하도록 했다.[68] 1938년에는 한글의 사용을 금지시키고, 국민정신 총동원 조

---

67   冨坂キリスト教センター編,『十五年戦争期の天皇制とキリスト教』(新教出版社, 2007), 275.

68   황국신민서사는 1937년 10월에 조선총독부가 한국에 발포하여 외우게 한 맹세

선연맹을 결성했으며, 10집을 단위로 묶어 "애국반"을 조직하고, 매일 아침 궁성요배, 신사참배, 황국신민서사 제창, 히노마루 경례, 기미가요 부르기 등을 강요했다.

내외적으로 일본기독교회는 1938년 10월 제52회 대회에서 "내재지(內在地) 조선인 교회에 관한 건의서"를 채택하여 교섭과 설득으로 흡수하고자 했다. 그다음 해 봄에 일본기독교회는 조선기독교회가 일본기독교회의 신조를 따르고, 포교는 일본어를 사용하며, 교역자는 재시험을 치른 후 일본기독교회와 합동하도록 강요했다. 이는 "조선기독교회"로서는 수용하기 어려운 것이었다. 1939년 10월 제53회 대회에서 "합동"이 아니라 "가입"으로 명기되었고, 1940년 1월 임시대회에서 조선기독교회 소속의 60여 개 교회가 각 지역에서 일본기독교회에 가입했다. 보고서에 따르면 일본기독교회의 신앙고백과 헌법 규칙을 따르라는 요구가 있었지만, 시험은 각 노회별로 실시하지 않고 생략했다고 한다. 그러나 조선기독교회의 가입 절차에서 일본기독교회는 전도활동에서 반드시 일본어를 사용하도록 강요했고, 내선융화를 위해 앞장서달라고 요청했다.[69] 이렇듯 일본기독교회는 쇼와 파시즘에 의한 총동원에 매진하여 침략 전쟁에 협조했다.

그 당시 일본기독교회의 실태를 상징적으로 보여주는 어떤 목

로 다음과 같다. (1) 우리는 대일본 제국의 신민입니다. (2) 우리는 마음을 합하여 천황 폐하께 충성을 다하겠습니다. (3) 우리는 인고단련하여 훌륭하고 강한 국민이 되겠습니다.

69 『十五年戦争期の天皇制とキリスト教』, 276; 『主の民か、国の民か』, 44.

사의 수기는 다음과 같다. "치안유지법으로 검거되고 스스로 비판하고 반성하여 이제 나 자신이 도달한 결론은 천황귀일 정신(모든 것이 천황으로 통한다)이었다. 이것이야말로 우리가 살아가야 할 길이며 신앙이다. 만약 기독교 신앙을 버렸다고 하여 지옥에 가야 한다면, 나는 일본인의 한 사람으로서 스스럼없이 지옥으로 가고자 결심한다."[70] 천황의 나라를 위해 목숨까지도 희생하는 천황교 원리주의자들의 맹신이야말로 쇼와 파시즘의 강력한 무기였다. 천황제 이데올로기는 교회 안에서도 천황교의 종교적 광신도를 끝없이 생산해 냈다.

15. 일본기독교단의 성립[71]

(1) 일본기독교단의 창립

1940년 당시 일본 최대의 개신교 교회였던 "일본기독교회"의 제54회 대회 개회예배에서 의장 토미타는 "교회의 신체제"라는 제목으로 설교했다. 이는 "국가가 큰 목적을 수행하기 위해 국민의 마지

---

70   辻宣道, 『嵐の中の牧師たち』(新教出版社, 1993), 106.

71   독일은 1919년 9월 1일 민족교회로서 모든 연방교회를 하나로 묶는 "복음주의 교회연맹" 창설을 위한 준비에 돌입했는데, 이는 1922년 5월 25일 탄생되었다 (雨宮栄一, 『ドイツ教会闘争の史的背景』[日本キリスト教団出版局, 2013], 140).

막 한 사람까지 포함하는 엄숙한 전체주의에 대한 요구였다."[72] 따라서 종교가 구태의연하게 이런 시대적 요구를 받아들이지 않는 것은 절대로 용납될 수 없기 때문에 즉시 전체주의적 신체제에 부응해야 한다고 외쳤다. 그럼에도 종교단체법을 반대하는 운동은 일본기독교회 내에서 일어나지 않았다. 일본 교회는 종교단체법에 대한 신학적 비판 능력이 없었을 뿐만 아니라 국가가 승인한 종교가 되었다는 것에만 관심이 있었다. "종교단체법"은 국민들의 정신적 파시즘을 이루려는 쇼와 정부의 종교 정책이었다. 이 법의 성립 과정과 목적이 보여주듯이, 이는 일본 국내의 모든 종교를 천황제 이데올로기에 근거한 전체주의적 이념으로 관할하고 지도하여 천황교에 순응하는 국가 어용 종교로 만들겠다는 노골적인 종교 탄압이었다.

종교단체법을 통해 일본의 모든 개신교를 한 교단으로 묶어서 관리하겠다는 쇼와 파시즘의 종교정책은 히틀러가 정권을 획득한 후 독일 개신교 교회를 하나로 통폐합하고자 했던 것과 일맥상통한다. "독일적 기독교인" 운동에 의해 연합체가 만들어졌고, 이를 중심으로 1933년 7월 헌법에 의한 "강제적 동질화" 정책을 통해 독일 제국 교회로서 "독일 복음주의 교회"(Deutsche Evangelliche Kirche, DEK, 1933-1945년)가 만들어졌다. 하나의 DEK로 묶인 교회를 나치당이 관리했던 것처럼 쇼와 정부는 "일본기독교단"을 만들어 교회를 관리 감독했고, 이를 용이하게 하기 위해 교단의 대표자로서 "통리자"를 세웠다. 이것은 히틀러가 제국 교회를 관리하기 위해 제국 주교

---

72   『十五年戰爭期の天皇制とキリスト教』, 277.

(Reichsbishof)를 세운 것과 상통한다. 이는 각 교파의 신학성을 초월하는 초교파적인 하나의 민족교회, 즉 한 지도자(천황) 아래 하나의 교회를 세우고자 한 것이다.

1940년 4월부터 "종교단체법"이 시행되었다. 이 법에 의하면, 각 교단 또는 교파를 정부에 등록하기 위해서는 적어도 교회 수가 50개 이상, 신도 수가 5,000명 이상이 되어야 했다. 그렇지 못할 경우, 그 교단/교파는 종교결사 단체로 취급되어 지방 장관 또는 지방 관리들의 직접적인 감독을 받아야 했다. 그리하여 각 교단과 교파는 정부에 등록된 교회가 되기 위해 신앙과 교리가 비슷한 교회와 교파들끼리 서로 통합하여 등록 가능한 숫자를 맞추었다. 이렇게 끼리끼리 통합된 그룹들이 11개의 부(部)로 정리되면서 최종적으로는 "일본기독교단"이라는 하나의 교단 안에 11개의 부가 있는 교회가 되었다(1943. 3.).[73] 이렇게 하여 일본기독교회 소속의 "후지미쵸 교회"(富士見町教会)에서 "일본기독교단" 창립총회가 개최되었다(1941. 6. 24-25.). 총회는 국민의례를 따라 기미가요 제창, 황거요배, 출정 병사와 전몰자에 대한 묵도"로 시작되었다.[74] 창립총회 후, "종교단

---

73 "일본기독교단"의 성립 과정에 관한 상세한 내용은 다음을 참조하라. 『일본의 정신과 기독교』, 제15장 "일본기독교단의 성립", 75-150.

74 五十嵐喜和, 『日本キリスト教会50年史』(一麦出版社, 2011), 90; 아래 "묵도"에 관한 글은 『それでも主の民として』, 30에서 인용함. 일본에서 "국민의례"라는 개념은 1920-30년대 생겨난 시대적 산물이다. 특히 국기 게양, 기미가요 제창, 궁성요배, 묵도로 진행되는 국민의례는 중국과의 전쟁이 시작된 1937년경 지역, 직장, 학교, 교회 등 모든 모임과 시설에서 실시되었다. 특히 묵도는 일본 사회에서 관동 대지진(1923. 9. 1.)이 일어난 다음 해부터 이를 기념하기 위해 고동이나 기관차 경적을 울리고, 노면 전차는 1분간 정차하며, 시민들은 "반성 묵상"을 한 것이 첫 사례라고 한다. 궁성요배는 1934년 초등학교부터 시작되었는데,

체법"의 규정에 따라 교단 규칙을 작성하여 문부성에 제출했고, 몇 번의 절충안을 거치면서 1941년 11월 24일 문부장관의 인가를 받았다. 이제 "일본기독교단"은 일본에서 형식상으로 합법적인 자격을 가진 유일한 개신교단이 되었다. 교회 수 1,534개, 결사 388개, 목사 수 2,697명, 교인 수 259,000여 명으로 조직되었다.

그러나 교회가 국가의 법에 "합법적"인 것이 되었다는 말은 "일본기독교단"이 "국가총동원법"에 근거한 종교 보국회와 같은 천황제 이데올로기에 합당한 조직 단체가 되었다는 의미다. 이는 고조되어가는 전시 체제하에서 국민 총동원에 의한 총력전에 기독교 역시 동참하겠다는 약속의 표징이었다.

(2) 일본기독교단의 목적

실제로 교단 인가 14일 후인 1941년 12월 8일, 쇼와 파시즘 군국주의는 진주만을 기습 공격하여 "대동아전쟁"을 일으켰다. 이때 문부성은 모든 종교 단체가 "국체의 본의에 철저하게 솔선수범하여" 천황의 뜻에 충성하라는 지령을 내렸다. 이에 즉각 응답하여 일본기독교단 통리자(通理者) 토미타 미쓰루는 그다음 날(9일) "중대 시국에 즈음하여 각 교회에 고함"이라는 글을 통해 "일본 국민으로서 기독교는 작금의 선전(宣戰)의 의의를 분명하게 숙지하고, 국가에 적성

"국민정신 총동원령"(1937년)이 발포되면서 모든 행사에서 궁성요배가 요구되었다.

(赤誠, 진실에서 우러나는 정성)으로 섬길 것"을 각 교회에 하달했다.[75] 이것은 "동양의 영원한 평화"를 확립하기 위한 것이기 때문에, 기독교인들은 국토방위에 정신함과 동시에 후방봉공에 만전을 기하라고 하면서 기도가 있는 곳에 반드시 승리가 있으므로 조국을 위해 결속하자고 요청했다. 그리하여 교단 통리자는 기도하기 위해 교회를 찾은 것이 아니라, 1942년 1월 11일 총무국장과 함께 "이세신궁"(伊勢神宮)을 참배했다. 거기서 머리를 조아리며 늦은 감이 있지만 이제야 비로소 황국의 뜻을 받들어 "일본적 기독교"로서 "일본기독교단"이 발족되었다고 보고하면서 앞으로 교회가 발전할 수 있도록 희원(希願)했다.[76] 즉 교회의 시작과 성장은 황실과 그 황조에 달려 있다고 인정하면서 "일본기독교단"이 출범한 것이다.

교단은 서구의 타락한 기독교가 아닌, 그 원형이 복원된 진정한 형태의 기독교가 일본에서 이제야 시작되었다고 기뻐했다. 왜냐하면 기독교 고유의 이념에 근거하여 각 교회와 교파가 자발적으로 자신들의 신앙적 교리와 신학을 양보하면서 합쳐진 하나의 교회가 한 국가 안에 존재한다는 것은 "세계 역사상 유래를 찾아보기 힘든 위대한 예시"로 평가되기 때문이었다.[77] 이것은 1933년에 "독일적 기독교인" 운동이 게르만 신앙과 기독교를 조화 융합하여 그 위에 민족교회를 형성하고자 한 것과 맥락을 같이한다고 할 수 있다.

그러나 쇼와 파시즘의 일환으로 생겨난 "교단"은 성서가 말하

75　『現人神から大衆天皇制へ』, 164.

76　「教団時報」, 제213호, 1942년 1월 15일.

77　都田恒太郎, 『日本キリスト教合同史稿』(教文館, 1967), 245, 247.

는 신앙적 내면성을 완전히 상실한 법제상의 한 단체에 지나지 않았다.[78] 사실상 일본기독교단은 메이지 이래로 기독교에 입신한 토족 출신의 젊은 무사들이 강력한 민족주의에 근거하여 "일본인들의 손에 의한 일본 교회"를 추구해왔다는 사실과 겹친다.

보충 (7) 황기 2천 6백 년

1920년대로 바뀌면서 일본은 "쇼와 파시즘"에 의한 공포적 군국주의로 치닫게 된다. 천황제 이데올로기로 똘똘 뭉친 천황교의 광신적 행보는 그들이 전무후무하고 세계적인 기념행사라고 떠들어댔던 기원 2천 6백 년 행사에 의해 더욱 강력해진다. 『일본서기』(日本書紀) 신화에 따르면, 1940년은 첫 천황이 즉위한 지 2,600년이 된다고 하여, 내무성은 신기원 (神祇院)을 부활시켜 신궁, 관국신사, 신직 등으로 하여금 경축행사를 주도하게 했다. 그 준비의 일환으로 신무천황을 제사하는 카시하라신궁(橿原神宮)을 새롭게 단장하기로 했다. 이를 위한 노동력을 확보하고 정신 교육을 하기 위해 전국에 있는 모든 학교의 수학여행지를 이곳으로 정하도록 하여 학생들에게 근로봉사를 시켰다. 이에 약 121만 명의 학생이 더욱 철저하게 천황교 신앙으로 무장되었다.

이 시기는 신사의 해외 진출을 적극적으로 추진하고 신사 교육기관인 신궁황학관을 대학으로 승격시켜 신사 신학교를 강화시킨 때였다. 1940년에 전국에서 11만 개의 신사가 일제히 큰 기념행사를 치르면서

---

78   土肥昭夫, 『日本プロテスタント教会の成立と展開』(日本基督教団出版局, 1975), 224.

모든 국민에게 이세신궁과 카시하라신궁을 방문 참배하도록 권장했는데, 국민들은 임시 열차가 증설될 정도로 경쟁적으로 동참했다. 일본의 모든 종교, 단체, 학교 등이 각각 기념행사를 치렀다. 후술하겠지만, 기독교도 예외는 아니었다. 다음은 1940년 11월 10일의 기념식에서 그들이 불렀던 "기원 2천 6백 년 송가"를 인용한 것이다.

1.
오래전 옛날, 황송하옵게도 천황이 시작하셨던 위대한 일본을
천상의 태양이 막힘과 끊임이 없이 돌아가듯이 세상을 통치하시니,
이 얼마나 존귀한 것인가!
우러러보니 실로 아주 오래전부터 견지되어온,
이 천황의 나라가 기원 2천 6백 년을 맞이하게 되었도다.

2.
푸름이 무성한 풀 한 포기까지 태양이 빛을 비추어주듯이,
구석구석까지 빛이 가득 넘치는 이 위대한 일본의 섬들
봄날 만개되어 피어나는 꽃들이 향기를 뿜어내는 것과 같으니,
이 얼마나 풍성한가!
우러러보니 실로 아주 오래전부터 견지되어온,
이 천황의 나라가 기원 2천 6백 년을 맞이하게 되었도다.

3.
망망대해의 모든 해류가 서로 교차되어 흐르는 이 세계를

> 거룩한 사명을 받아 하나의 가족을 이루고자 하시니,
>
> 이 얼마나 현명하신가!
>
> 우러러보니 실로 아주 오래전부터 견지되어온,
>
> 이 천황의 나라가 기원 2천 6백 년을 맞이하게 되었도다.

식장에서 쇼와 천황이 "인류의 복지와 만방의 평화에 기여하는" 나라가 되기를 바란다는 칙어를 발표했을 때, 현인신의 육성을 감히 백성이 들을 수 있다고 감개무량하여 격한 눈물을 흘리는 사람들도 있었다고 한다. 이처럼 국민들은 천황교 사이비 종교에 세뇌당하여 종교적인 노예가 되었다. 게다가 이런 망상에 현혹된 천황교 원리주의자들은 천황을 위해 자기 몸을 불사르기까지 내어주겠다는 결의로 가득했다. 이런 광신도적 광기를 기반으로 그들은 1941년 12월 8일 진주만 공격을 감행했던 것이다.

일본의 모든 개신교 역시 기원 2천 6백 년 기념행사를 준비했다. 그들은 다른 단체들보다 훨씬 대대적이고 총력적으로 기념행사를 준비하여 "황기 2천 6백 년 봉축 전국 기독교 신도대회"를 개최했다. 일본 개신교회는 이 행사를 준비하고 치르는 동안 실제로 천황교 교리와 신앙에 푹 빠져 들불처럼 활활 타올랐다. 그들은 청산학원에서 개최된 기념행사에서 일본의 모든 기독교 교파와 교회가 반드시 통폐합하고 하나의 교단이 되어 황운의 뜻을 따라 진충보국하기로 천황에게 결의하면서 다음과 같은 "대회선언문"을 발표했다

(1940. 10. 7.).[79]

신무천황이 나라를 다스리기 시작한 지 2천 6백 년이 되기까지
그 천황의 전통이 연면히 계승되어
이제야 세상 가운데 빛을 비추는 영광 가득한 이 역사를 생각할 때,
우리는 감격에 북받쳐 어찌할 수가 없습니다.
오늘 전국의 모든 기독교인이 한곳에 모여서
두렵고 떨리는 마음으로 천황폐하 만세를 경축하게 되었습니다.
생각해보면, 현재의 세계 정세는
극히 어지러우며 한시도 평안을 얻기 힘듭니다.
서쪽 유럽에서도 전쟁이 계속되며, 동쪽에서는 중일전쟁이
아직도 끝나지 않고 있습니다.
이런 전란 가운데 우리 일본은 그 나아감에 있어 실수 없이
국운과 국력을 전진시켜왔습니다.
이것은 실로 하늘의 도움이며,
일군만민의 존엄무비한 우리 국체에 근거한 것임을 믿어
의심치 않습니다.
이제 이 세계가 바뀌려고 하며 국가는 체제를 새롭게 하려고 하여
대동아 신질서 건설에 매진하는 이즈음에
우리 기독교 신도 역시 이에 부응하여 교회와 교파의 구별을 없애고
스스로 합동 일치하여 국민정신 지도의 천황의 큰 뜻(大業)에 따라서

79　『現人神から大衆天皇制へ』, 161-2.

자진하여 천황의 대정(大政)을 익찬하여 섬기며

진충보국을 다하고자 합니다.

하여 여기서 우리는 이 기념할 만한 날에 다음과 같이

선언하고자 합니다.

1. 우리는 기독교 복음을 전하고, 구령사명을 완수할 것을 맹세합
   니다.
2. 우리는 모든 기독교회가 합동하기로 맹세합니다.
3. 우리는 정신의 작흥(作興), 도의 향상, 생활의 쇄신을 맹세합니다.

일본의 모든 교회와 교파는 황통의 대동아공영권 건설과 대동아 신
질서를 위해 국민도덕 정신으로 하나가 되어 천황의 다스림(大政)
에 이바지하는 하나의 교회가 되겠다고 서약한다. 그러나 교회의 자
기목적화는 비성서적이다. 교회의 목적은 교회의 머리이신 예수 그
리스도에게 있다. 그런데 일본기독교단은 "너희는 나를 누구라 하느
냐?", "주는 그리스도시요, 살아 계신 하나님의 아들이십니다"라는
신앙고백 위에 세워진 것이 아니었다. 일본기독교단은 천황의 뜻을
이루기 위해 만들어진 천황 목적적 교회였다. "일본기독교단"이 발
간하는 「교단시보」 8월 15일 자에 통리자 토미타는 교단의 사명에
대해 "복음으로 사는 것은 다름 아닌 천황에 충성하는 것, 나라에 충
성하는 것, 그리고 이 시국에서 우리 일본기독교단의 신도가 목숨을
버릴 각오로 봉공하는 것"이라고 규정했다. 교단은 신민의 길을 실
천하고 "대정익찬"으로 국가에 죽도록 충성할 사명이 있었다. 교단

규칙 생활강령 제7조에 따르면 교단이 왜 존재하는지에 대한 이유는 다음과 같다.[80]

황국의 도(道)에 순종하고,

믿음으로 철저히 각자의 임무를 완수하여

황운(皇運)을 부익(扶翼)하여 봉공(奉公)한다.

또한 교인들을 양육하고 가르치기 위한 『일본기독교단 신앙문답』은 교단의 존재성에 관해 다음과 같이 가르친다.[81]

문 2. 일본기독교단의 본령은 어디에 있는가?

답. 우리 교단의 본령은 황국의 도에 즉하여 기독교를 세워가는 본의를 기초로 국민을 교화하고 황운을 부익하며 그것을 섬기는 데 있다.

문 3. 황국의 도에 즉하는 것이란 무엇인가?

답. 황국 신민임을 자각하고 그것에 입각하여 만고불변의 국체를 봉헌하고 충효일념의 대의에 순종하여 충절을 다하는 것이다.…조국(肇國, 건국, 나라를 새롭게 세워나감)의 이념을 세계에 선양하는 것이다.

문 4. 기독교를 세운다는 것의 본의는 어떤 의미인가?

답. 예수 그리스도에 의해 계시되고 교회가 고백하는 하나님을 믿고, 독생자 예수 그리스도를 구주로 섬기며, 성령의 지도에 따라서 마음

---

80 『日本基督教団史資料集』第2巻(日本基督教出版局, 1998), 21-65(22).
81 『日本基督教団史資料集』第2巻, 74-82.

을 다하여 하나님과 사람을 섬기고, 이렇게 함으로써 천황의 도리를 실천하여 황국에 보답하는 것이다.

교단이 서고 넘어짐의 기준은 "황도" 교리였다. 따라서 하나님의 말씀으로서 성서를 배우고, 그 가운데 드러난 교리를 체득하는 이유는 "황국의 도"를 걸어가기 위함이다. 그리하여 그들의 성화 교리는 다음과 같다(제25문). "성령의 은화(恩化)는 날마다 자기를 죽이고, 그리스도로 살아가며, 선한 일에 힘을 다하고, 신앙에 기초하여 점점 황국 국민이 됨을 자각하고 실천하며 살아가는 것이다." 하나님의 백성이 아니라 천황의 백성이 되어가는 것이 성화의 길이었다. "교단"이 말하는 것은 예수 그리스도가 아니라 천황을 머리로 하는 천황교 교회론이었다. 즉 신화로 날조된 현인신 천황을 섬기는 것이 기독교 신앙의 완성으로 나아가는 길이었다. 이는 1930년대 독일 나치즘이 로젠베르크의 게르만 신화에 근거하여 민족 지상주의적인 새로운 교회를 형성하려고 했던 것과 맥을 같이한다.

쇼와 파시즘 광신도들은 일본이 무능한 이웃 나라를 가진 불행한 피해자라고 하면서 사람들을 선동했다. 그들은 전쟁이야말로 신이 인류 교육을 위해 사용하는 기회라고 주장하면서 침략 전쟁을 신적 교육론으로 포장했다. 더욱이 이런 사이비 종교의 광신적 횡포와 만행에도 불구하고 기독교계는 반대는커녕 오히려 쌍수를 들고 찬동했다. 일본기독교단의 대표적 신학자 쿠와타는 "국체 정신에 근거한 일본의 신과 기독교의 하나님 사이에는 전혀 문제가 있을 수 없다"[82]고 했다. 이것은 독일 성서학자 키텔이 "나치 운동은 교회에 주어진 새로운 방법이며 새로운 길이다. 전력을 다하여 이 소명을 하나님의 소명으로 받들어 복종하자"고 외치자 이에 동조하는 "독일적 기독교인"이 지금까지의 교회가 아닌 "우리 민족이 지닌 모든 신앙의 힘으로 살아가는 민족교회"를 세워가자고 선동했던 것과 동일한 양상이 8-9년 후에 일본기독교단에서 재현되었다고 말할 수 있는 부분이다.[83] 이는 가족, 민족, 역사, 신화 등과 같은 자연적 질서와 이야기들을 간단하게 하나님의 뜻으로 대체하고 해석하여 인간의 자의적인 뜻과 하나님의 뜻을 하나로 묶어서 자기 목적에 꿰맞추어버리는 자의적인 제국주의 신학일 뿐이었다.

16. "일본기독교단이 대동아공영권에 있는 기독교인에게 보내는 서한"

(1) 공모

앞에서 "일본기독교단"의 창립과 목적 그리고 신앙문답을 살펴보았다. 그것은 대동아공영권을 수립하겠다는 망상으로, 침략적 팽창주의의 행위를 서슴치 않는 천황제 국가에서 어용적인 국가교회가

---

82   「神学と教会」, 1942년 12월, 다음에서 재인용. 『世のために存在する教会』(新教出版社, 1995), 31.

83   『ドイツ教会闘争の史的背景』, 256, 286.

되어 생존의 젖줄기를 찾겠다는 것이었다. 그리하여 그들은 이른바 대동아공영권에 있는 기독교인들에게 자신들의 처지를 설명하고 황운을 위해 협력해달라는 서한을 보낸다. 그것이 바로 "일본기독교단이 대동아공영권의 기독교인에게 보내는 서한"이다. "서한" 기획의 구체적인 발단은 1943년 3월 9일 교단 교무회의에서 통리자 토미타(富田滿)가 대동아공영권 내의 모든 기독교인에게 서한을 보내기 위한 서한 공모전에 관해 의견을 제시하고, 이것을 시행하기 위해 필요한 상금 비용을 이토우 타츠오(伊藤立夫) 장로가 헌금하겠다고 나서면서 시작되었다. 상금은 1등 천 엔, 2등 오백 엔, 3등 일백 엔이었다. 다음은 현상 공모 공시의 글이다.

천황의 위광 아래 황군 장병들의 혁혁한 무훈으로 말미암아 대동아공영권이 확립되어가고 있음은 그 무엇에 비길 수 없는 감격과 감사임을 깊이 통감한다. 이와 함께 현지인들에게 우리 일본의 입장을 이해시키는 것은 지극히 중요하기에, 우리 일본기독교단이 자발적으로 이 중대한 임무를 담당하고자 한다. 따라서 우리 일본기독교단은 대동아공영권 내의 기독교인들에게 극진한 서한을 보내고자 한다. 무엇보다도 일본의 국체가 존엄무비한 까닭을 설명하고, 일본이 품고 있는 대동아공영권에 관한 이상과 포부를 밝히며, 그다음으로 일본기독교회의 확립, 일본기독교단의 성립을 보고하면서 신망애를 가진 동일한 기독교인으로서 대동아공영권 내의 기독교인들에게 위안과 장려, 그리고 제휴(提携)하는 정을 피로하는 서한을 보내고자 한다. 이에 학문과 식견 높은 자들의 응모를 기대한다.

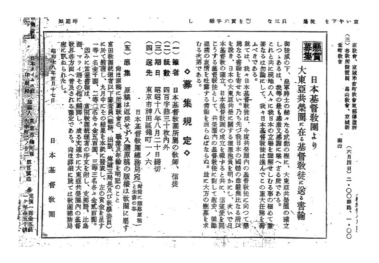

일본기독교단이 대동아공영권에 있는 기독교인에게 보내는 서한 현상모집 공고
https://1co1312.files.wordpress.com/2015/01/e5a4a7e69db1e4ba9ce69bb8e7bfb0e58b9
fe99b86e5ba83e5918asmall.jpg

현상 공모 요강을 만든 것은 교단의 "교학위원회"였다. 심사와 결과 발표는 본회의 특별 위원으로 위촉된, 일본을 대표하는 신학자 쿠마노 요시타카(熊野義孝)가 담당했다. 1943년 5월 17일 공시되어 총 75편의 작품이 응모했는데, 1943년 10월 28일 입선작이 결정되었다. 1등 해당자는 없었으며, 2등에는 사메지마 시게타카(鮫島盛隆, 관서학원 종교 주임)와 야마모토 카노우(山本和, 일본여자신학교 강사)가 당선되었다. 3등에는 마츠무라 카츠미(松村克己, 室町敎会長老, 교토 대학 교수), 미우라 세이이치(三浦淸一, 松沢교회), 그리고 와다 신지(和田新次, 宮崎교회)가 선정되었고, 가작으로 다섯 명의 원고가 뽑혔다. 누구의 원고가 "서한"으로 발탁되었는지는 분명하지 않으며, 학자들에

따라서는 입선된 서한들을 편집하여 새로 만들었다는 주장도 있다.[84]
실제로 최종판으로 인쇄된 서한은 다음과 같다.[85]

"일본기독교단이 대동아공영권의 기독교인에게 보내는 서한"
日本基督教団より大東亜共栄圏に在る基督教徒に送る書翰

서문

기독교는 복음이다. 다시 말해서 "큰 기쁨의 소식"이다. 그러하기에
기독교는 네 개의 복음서를 가지며, 복음 전파를 위해 파견된 사도들
의 행전을 소유한다. 그리고 사도 바울이 기록한 모든 책은 교회와 동
일한 믿음을 가진 자들에게 보낸 서한들이다. 복음서로 시작하는 성
서는 아시아의 일곱 교회에 보낸 요한의 서한으로 끝난다. 기독교는
실로 이런 의미에서 복음이다.

지금 "일본기독교단"이 대동아공영권에 속한 모든 교회와, 동일한
믿음과 뜻을 가진 형제들에게 본 서한을 보내는 까닭은 기독교가 "큰
기쁨의 소식"이라는 신앙에 기초하기 때문이다. 따라서 이 서신을 현
대적 사도 서한이라고 일컬어도 전혀 무리가 없을 것이다.

---

[84] 武田武長, 『世のために存在する教会』(新教出版社, 1995), 20-21.

[85] 출처: 日本基督教団宣教研究所教団史料編集室, 『日本基督教団史資料集』 제2편 戦
時下の日本基督教団(1941-1945) (일본기독교단출판국, 1998), 316-326; 본 "서
한"에 대한 보다 상세한 역사적·신학적 비판에 관해서는 다음을 참조하라. 김산
덕, "일본기독교단이 대동아공영권의 기독교인에게 보내는 서한: 역사적 비판 I"
「개신논집」 11(개신대학원대학교, 2011), 151-177; 상동, 「개신논집」 12, 161-
175.

"일본기독교단"은 대동아공영권에 속한 모든 교회에 관해 항상 관심을 가지고 있으며, 그 발전을 위해 뜨겁게 기도하고 있다. 이를 위해 교단은 협력자를 파견하여 필요한 것들을 보내고자 계획하고 있지만, 작금의 여러 사정으로 인해 그 바람이 실행되지 못하는 것은 심히 유감스러운 일이다. 부득이 교단을 대표하여 보편적이며 사도적인 서한을 보냄으로써 문안하고 평소 우리들이 가진 뜻을 약술하여 전하고자 한다. 그러므로 우리의 뜻을 이해하고자 하는 수신자는 본 서한을 자세히 읽어보기 바란다.

본 서한은 "일본기독교단"의 현대적 사도 서한으로서 그 첫 번째 서한에 해당하지만, 앞으로 계속해서 서한을 몇 차례 더 보낼 계획이다. 바라건대 제군들이 이런 서한을 격의 없이 받아들이고 이것을 문자대로 해석하여 우리의 뜻을 이해하고 믿음과 소망과 사랑을 함께 소유하기를 바라마지않는다.

비록 소수이지만 "일본기독교단"에서 특파된 전도사들이 곳곳에 있기에, 서한의 내용 가운데 젊은 제군들이 이해하기 어려운 것이 있다면 그들이 분명 곡진(曲盡)하게 설명해줄 것이다. 그들 역시 사도 바울이 말하는 것처럼 "그리스도의 편지"이기 때문에, 제군들이 격의 없이 그들과 친교하기를 겸하여 바라마지않는다.

나는 "일본기독교단"의 통리자로서 여러 가지 기술하고 싶은 것이 많지만, 지금은 서한을 소개하는 것으로 그치고 다음 서한으로 미루고자 한다. 서한을 읽은 자가 기탄없이 이것에 대한 응답을 보낸다면 우리의 희열은 그보다 큰 것이 없을 것이다.

마지막으로 나는 2천 년 동안 전해져 내려온 사도적 인사로 이 서문을 끝내고자 한다. "바라건대 주 예수 그리스도의 은혜, 하나님의 사랑, 성령의 교감이 너희 모두와 함께하기를."

쇼와십구년(昭和十九年)

천구백사십사년 부활절날

일본기독교단

교단 통리자 토미타 미쓰루(富田満)

제1장

일본에서 그리스도 예수와 그 복음을 고백하고 그 은총의 도움으로 말미암아 "한 국가에 한 교회"(一国一教会)를 실현한 "일본기독교단" 및 거기에 속하여 여러 지체된 우리는 대동아공영권에 속하는 주 안에서 충성된 기독교인들에게 마음으로부터 문안한다. 바라건대 우리 주 예수 그리스도의 은혜와 평안이 언제나 제군들 위에 있기를 바란다.

주 안에서 충성된 형제들이여! 우리는 아직 면식이 없고 서로의 전통과 생활 습관도 다르지만, 그런 상이함에도 불구하고 우리를 하나로 견고하게 묶어주는 유대(紐帶)가 두 가지 있다고 생각한다. 하나는 우리의 공동의 적에 대한 공동 투쟁이라는 운명적 과제다. 우리의 적국들은 백인 우월이라는 성서에 어긋난 사상에 입각하여 제군들의 나라와 토지와 수익을 농단하고, 입으로는 인도와 평화를 제창하면서도 우리를 인종 차별의 처우 아래에 붙들어 매고 동아시아의 모든 민족에게 왕자처럼 군림하려고 욕심을 내며 피부 색깔의 다름을 가지고 인간 그 자체가 마치 상이한 것처럼 망단하고 차별하여 우리 동양인을 자신들의 안위와 향락을 위해 부려먹고 노예화하려는 욕심을 가지고 마침내 동아를 자국의 영토적 연장으로 삼으려는 야심을 노골적으로 드러냈다. 분명히 그들은 우리보다 일찍 주 예수의 복음을 접했으며, 우리가 처음에 믿음으로 부름을 입은 것도 그들의 복음 선교의 덕분이라는 점을 솔직하게 인정하는 것에 전혀 인색하지 않았다. 그러나 그들이 오늘날 끝없는 탐욕과 지배욕의 유혹에 빠져 거룩한 복음으로부터 타락하고 많은 허황과 교만에 함몰되어 헤아릴 수 없는 탐람과 위선과 불신앙에 빠진 모습을 눈앞에서 보면서 우리는 전율을 느끼지 않을 수 없다. 이런 지경에 이르게 된 적국 미영의 기독교는 자기를 절대자처럼 우상화하여 이전에 사도가 진정으로 항상 공격했던 유대교적 그리스도인과 동일한 형태가 되어버렸다. "유대인이라 불리는 네가 율법을 의지하며 하나님을 자랑하며 율법의 교훈을 받아 하나님의 뜻을 알고 지극히 선한 것을 분간하며 맹인의 길을 인도하는 자요 어둠에 있는 자의 빛이요 율법에 있는 지식과 진리의 모본을 가진 자로서 어리석은 자의 교사요 어린아이의 선생이라고 스스로 믿으니, 그러면 다른 사람을 가르치는 네가 네 자신은 가르치지 아니하느냐? 도둑질하지 말라 선포하는 네가 도둑질하느냐? 간음하지 말라 말하는 네가 간음하느냐? 우상을 가증히 여기는 네가 신전 물건을 도둑질하느냐?"(롬 2:17-22) 이것들 하나하나가 선진 기독교국이라고 자인하는 그들의 행위에 꼭 들어맞지 않는가? 그들이 만약 이런 자신들의 죄를 자각하고 회개하여 나중에 신앙을 가지게 된 우리와 동일 선상에 서서 처음 믿는 자처럼 매일 주님을 고백하는 순진한 신앙을 가졌다면, 이런 비성서적인 동아정책을 취하지는 않았을 것이다. 그들이 만약 주님에 대한 참된 순종과 봉사를 매일 결단하고 실행했다면, 자국 내외의 정치, 군사, 경제, 문화의 모든 영역에서 그런 퇴폐와 혼란을 연출하지는 않았을 것이다.

우리는 성서에 근거한 통찰과 인식으로 말미암아 그들의 현 상황을 불쌍히 여김과 동시에 이 부정과 불의를 묵인할 수 없으며, 증오하지 않을 수 없다.

일본은 이들 적성 국가들의 불의에 대해 모든 평화적 수단을 제시했다. 그럼에도 불구하고 그들은 교만으로 말미암아 이것을 수용하지 않았다. 결국 일본은 자존자위의 필요에 의해 감연히 창과 방패를 들고 일어서게 되었다. 더욱이 여러 전쟁 이래로 황군이 거둔 많은 전과(戰果)와 그 후에 이루어진 사실들은 우리 일본의 성전(聖戰)이 가지는 의의를 더욱더 명확하게 드러내 보여주고 있지 않은가? 그들의 부정과 불의로부터 모든 동아의 민족이 해방되는 것은 하나님의 거룩한 뜻이다. "하나님은 교만한 자를 물리치시고 겸손한 자에게 은혜를 주신다"(약 4:6). 그러면 미영의 교만은 무엇으로 멸망하는가? 황군의 장병에 의해, 그리고 지상의 정의를 위해 일어난 동아의 모든 민족의 손에 의해 그렇게 된다. 그리고 제군들의 민족이 이 대성전에 우리 일본과 함께 동고동락하여 소기의 목적을 달성하기까지 함께 싸우겠다는 깊은 결의로 흔연히 참가하고 협력함으로써 대동아 천지에는 우리 일본인과 제군들이 속한 대동아 모든 민족의 일대(一大)해방투쟁, 사탄의 광폭(狂暴)에 대한 일대 섬멸전의 진군을 고하는 나팔소리가 높이 울린다. 거룩하시고 의로우신 하나님이여, 바라옵건대 일어나시옵

소서! 그리하여 우리가 나아가는 길에 언제나 함께하시고, 나아가는 자들을 비추어 도와주시고 인도해주옵소서. 형제들이여! 제군들과 우리를 연결하는 첫 번째 끈은 우리가 함께 이 성전에 출전하는 전우이자 동지라는 깊은 의식이다.

다음으로 우리를 하나로 묶는 두 번째의 결정적인 끈은 여러 다름이 있음에도 불구하고 우리가 믿는 영적인 그분 곧 주 예수 그리스도께 우리가 함께 소속되어 있다는 점이다. 그는 우리의 생과 사에 유일한 위로가 되시는 교회의 주님이시다. 천지의 주님이시며 하나님의 말씀이신 성자께서 육체를 취하여 우리와 동등한 사람이 되시고, 우리의 형제로서 지금 여기에 함께 계시며, 아무런 공로 없이 오직 은혜로 우리를 자기 형제로 삼아주시고, 우리의 모든 죄를 용서하시며, 죄와 죽음의 저편에 있는 영원한 생명의 약속에 참여하는 하나님의 자녀라는 새로운 신분으로 우리를 옮겨주셨다. 신앙인의 삶에 있어 이 주님을 인정하고 이 주님께 봉사하는 것 이상으로 귀중한 재산은 그 어디에도 없을 것이다. 형제들이여! 이 신앙에 대한 인식과 봉사를, 이 감사와 찬양을, 우리로부터 빼앗아갈 수 있는 것이 하나도 없음을 확신한다는 점에서 우리는 서로 일치한다. 주님으로부터 받은 귀중한 복음의 부요함을 우리 동포와 이웃에게 전달하는 사랑의 위탁을 우리로부터 박탈할 수 있는 것은 아무것도 존재하지 않는다. "이 천국 복음이 모든 민족에게 증언되기 위하여 온 세상에 전파되리니 그제야 끝이 오리라"(마 24:14). 우리가 이 약속을 받았다는 것은 복음 선교의 엄위하신 명령에 묶임을 당했다는 것이 아니고 무엇이겠는가? 죄인으로서 말과 행위에 의지하여 살아가는 우리이기에, 얼마

만큼 이 약속을 실증할 수 있으며, 얼마만큼 이 명령을 지킬 수 있을 지는 알 수 없다. 그러나 우리는 죄성이 있는 우리의 피조적이며 상대 적인 결의와 노력 및 행위로서 그 명령을 실천할 수 있는 것이 아님 을 믿는다. 우리는 진실로 이 명령을 성취하는 자는 우리가 아니라 명 령자이신 예수 그리스도 그분이시며, 오직 그분뿐이라는 확신에서 일 치하고 있음을 믿는다. 또한 이 주 예수는 하나님을 사랑하고 "자기 를 사랑하는 것같이 이웃을 사랑하라"고 명하셨다. 우리가 주님의 복 음을 들었다는 것은 필연적으로 이 주님의 계명을 듣고 순종한다는 것이다. 대동아공영권의 이상은 이 주님의 이웃 사랑 계명을 믿음으 로 듣고 스스로 실천하여 복종하기를 강요한다. 우리는 이 주님의 명 령에 입각하여 모든 장애를 물리치고 이 길로 전진해야 한다. 이 필연 의 길에서 우리는 완전한 일치를 보여줄 수 있지 않겠는가? "너희가 부르심을 받은 일에 합당하게 행하여…평안의 매는 줄로 성령의 하 나 되게 하신 것을 힘써 지키라"(엡 4:1, 3). 형제들이여! 우리는 소가 힘을 모아서 쟁기를 끌듯이, 이 강인한 끈을 끌고 나아가지 않으면 안 된다. 이것이 제군과 우리를 연결하는 제2의 결정적인 끈이다.

제2장

사랑하는 형제들이여! 우리는 제군들에게 기대를 가지며 제군들을 신뢰한다. 제군들은 "무엇에든지 참되며 무엇에든지 경건하며 무엇에 든지 옳으며 무엇에든지 정결하며 무엇에든지 사랑받을 만하며 무엇 에든지 칭찬받을 만하며 무슨 덕이 있든지 무슨 기림이 있든지 이것 들을 생각하라"(빌 4:8). 이 사실을 인정하는 것에 인색하지 않을 것으로 믿는다. 대동아전쟁을 수행함에 있어 우리 일본과 일본 국민이 얼마나 고매한 이상과 포부를 가지고 있는지를 제군들이 점차 이해하게 될 것이다. 우리 역시 정치, 경제, 문화의 각 분야에서 제군들과 제휴하기 위해 부심하고 정신(挺身)하는 우리 조야(朝野)와 군관민 지도자들의 보고를 통해 우리가 제군들로부터 배워야 할 "무엇에든지 사랑받을 만하며 무엇에든지 칭찬받을 만한 것"이 제군들에게 있음을 들어 알게 되어 존경과 공감과 친애의 정을 느끼며, 제군들에게 아주 강하게 이끌림을 느낀다. 제군들은 지역의 여하를 막론하고 문화의 경향을 따지지 않고, 좋은 것에 공감하며, 존경할 만한 것을 존경하는 공명정대한 마음을 가졌다. 따라서 제군들은 적국 국민들의 무책임하며 방종한 개인주의와는 전혀 차원을 달리하고 있음을 우리는 확신한다. 특히 제군들이 인간의 개성이라는 측면에서 진실로 깊은 것을 소유하고 각자의 직업에서 어디까지나 자신의 깊은 신념을 가지고 살아가며 그것과 밀접하게 관계하는 높은 공적 희생정신을 갖추고 있다는 소식을 들으니, 하루 빨리 제군들의 풍모를 접하고 싶은 생각이 끊이질 않는다. 하나님이 만약 허락하신다면, 언젠가 우리가 제군들이 있는 곳으로 가고, 제군들 역시 우리가 있는 곳으로 와서 서로 인격적으로 친하게 교제하고 얼굴과 얼굴을 마주하여 서로 알며 서로의 손을 견실히 잡게 되는 것도 가능할 것이다. 그러나 우리가 제군들에 대해 깊이 알지 못함과 같이 제군들 역시 우리 일본의 참된 모습을 알지 못하기에 아직은 불충분할지 모른다. 따라서 바라건대 지금 우리가 약간은 "기탄없이 자랑하는"(고후 11:17) 것을 용서하기 바란다.

본디 우리 일본 제국은 만세일계(万世一系)의 천황이 통치하고, 국민은 황실을 종가로 우러러보며, 천황은 국민을 돌보기를 부모가 자식을 돌보는 것처럼 자애를 가지고 돌보고, 국민은 한마음이 되어 충효의 고매한 도덕으로 살아가는 국풍이 아득한 선조 때부터 먼 장래의 자자손손에까지 이어지는 하나의 대가족 국가다. 우리 국민은 황공하옵게도 국민을 생각하고 백성의 평안을 기원하는 천황의 덕에 대해 보답하고 이 천황을 위해 자기 자신뿐만 아니라 부모, 자식, 남편, 부인, 집, 고향 등 모든 것을 드리며 끊임없이 충성을 바치고자 주야로 염원하고 있다. 제군들도 이미 대동아전쟁에서 세계를 경도하게 하는 황군병사의 용맹한 전투를 보고 그 배후에 잠재되어 있는 신비한 힘을 느꼈을 것이다. 한 번이라도 우리의 역사를 읽어본 자는 역사의 굽이굽이마다 이런 정신이 충만히 배어 있다는 점에 놀라지 않을 수 없을 것이다. 형제들이여! 제군들은 바울 사도가 "무엇에든지 참되며 무엇에든지 경건하며"라고 언급한 것이 단순히 교회 안의 여러 덕에 관해 말하고 있는 것이 아니라, 교회 밖의 일반 사회 가운데서도 그런 것을 마음 깊이 생각하고 존경하라는 것임을 충분히 잘 알고 있으리라 믿는다. 이 미덕을 사모하는 마음에서 제군들은 우리와 동일할 것이다. 분열과 붕괴의 전야와 같은 개인주의 서구 문명이 아직 한 번도 인식하지 못했던 "무엇에든지 경건한" 것이 동양에는 남아 있다. 우리는 이 동양적인 것이 금후의 전 세계를 인도하고 구원할 것이라는 희망과 신념에 있어 제군들과 일치한다. 전 세계를 참으로 지도하고 구원할 수 있는 것은 세계에서 가장 뛰어나며 만방무비(万邦無比)한 우리 일본 국체라는 사실을 신앙으로 판단하면서 우리들을 신뢰하길 바란다.

제군들이 이미 여러 차례 들어서 알고 있는 것처럼, 우리 일본인들의 선조는 아주 겸허하면서도 적극적인 마음으로 외래문화를 섭취했다. 중국으로부터 제군들의 훌륭한 선조인 공자와 맹자의 가르침을, 인도로부터 제군들의 성자 석가가 가르친 불교와 함께 인도의 문명을 받아들였다. 우리 선조들은 단지 당시의 선진 외국 문화에 심취했던 것이 아니다. 그들은 아주 박애한 마음과 겸허한 자세로 이것을 섭취하고 습득했을 뿐만 아니라 높고 강한 국체에 대한 신념과 이것에 기초한 자주성을 지닌 민족의 입장에서 그것을 우리나라의 국풍에 알맞게 순화시켜 일본화했다. 쇼토쿠 타이시(聖徳太子)가 준비하고 나카노오에노오지(中大兄皇子)가 완성한 "타이카의 가이신"(大化の改新, 기원후 646년에 임금의 칙령에 의거한 정치개혁)은 중국 고대의 유교와 제도 문화가 일본화되어 구현된 최초의 결실이다. 다음으로 우리 카마쿠라 시대의 일본 불교 특히 도우겐(道元)이 시작한 "니혼젠"(日本禅 또는 禅宗)은 인도의 불교가 중국을 경유하여 우리 토양에 흡수 소화되어 완전히 일본적인 것으로 바뀌어 새로운 면모로 시작된 것으로, 이 시대 이후에 우리 국민의 정신적 기조가 되고 일본 무사도 배양의 근원이 되었다. 또한 중국의 돈란(曇鸞, 담란)과 젠도(善導, 선도)에 의한 정토교 신앙은 일본의 호우넨(法然), 신란(親鸞)에 의해 세계의 종교학자들이 경탄할 정도의 절대은총의 종교로 순화 발전했다. 아스카텐표(飛鳥天平)의 문화, 헤이안(平安) 시대의 문예, 카마쿠라(鎌倉) 시대의 무예와 선학과 조각, 더 나아가 무로마치(室町) 시대, 아즈치(安土) 시대, 모모야마(桃山) 시대의 호화스러운 건축, 차도, 회화, 그리고 에도(江戸) 시대의 유교학, 국학, 난학, 마지막으로 메이지 유신 이래의 유럽 문화의 섭취와 순화에 이르기까지, 일본인들의 깊은 겸허함과 자기를 잃어버리지 않는 숭고한 신념의 소산이 아닌 것은 하나도 없다. 우리 조상들은 외국의 좋은 것을 허심탄회하게 배우는 동시에 깊은 비평 정신에 의거하여 이것에 창의를 덧붙여 일본화하고 독자적인 일본 문화를 만들어내어 오늘날의 융성함에 이르게 된 것이다.

이와 같이 역사의 풍성한 모습을 창출하게 된 원인은 일본 정신의 창조적 활동의 근저에 존엄무비의 국체가 엄숙하게 존재한다는 사실에서 유래한다. 특히 외래문화의 섭취에 있어서 지도자들이 언제나 신문화의 선각자였다는 사실은 일본 정신이 얼마나 강인하며 유연성이 충만한가를 보여준다. 실로 영봉 후지산으로 상징되는 맑음과 청렴과 곧은 마음이다.

지금까지 언급한 위대한 정신은 단지 일본 국내에만 머무르기에는 너무도 숭고하고 광대무변한 것이다. 지금부터 15여 년 전에 독립한 이래 점점 발전하고 있는 만주 제국, 우리와 협력하여 적국 미/영에 선전한 중화민국, 동맹국 태국, 지난날 독립을 경축한 신생 버마 제국, 최근 독립하여 신정부를 조직한 우리의 형제 필리핀, 그 외 어떠한 지역과 어떠한 변경이라 할지라도 마치 태양이 만물을 비춰어 성장하게 하듯이 이 위대한 정신의 빛을 받지 않는 자가 없다. 따라서 상호 간에 깊은 결의로 서로 돕고 서로 존경하며 서로 사랑하고 정의와 공영의 아름다운 국토를 동아 천지에 건설함으로써 하나님 나라를 지상에 등장시키는 일은 우리 기독교가 이 동아에 태어난 자로서 마음으로부터 기도해야 하는 제목이며 최고의 의무라고 믿는다.

제3장

우리나라의 유력한 기독인의 한 사람인 우찌무라 간조(内村鑑三)는 당시 구미 문명의 도도한 유입과 그것에 대한 동경이 지배하던 시대적 풍조 가운데서 "세계는 결국 기독교에 의해 구원될 것이다. 더욱이 무사도에 접목된 기독교에 의해 구원될 것"이라고 갈파했다. 그는 일찍이 구미의 선교사가 성공이라고 칭한 세력과 이익과 쾌락을 추구하는 신앙을 비신앙으로 배척하고 선교사를 하루 빨리 일본으로부터 퇴출시킴으로써 일본인의 손에 의해 일본에서 자생된 기독교의 필요성을 부르짖은 선각자다.

더욱이 그의 예언은 제군들에게도 해당되는 것이다. 양식 있는 이 무사가 이미 주장한 대로 대동아에는 대동아의 전통과 역사 및 민족성에 근거한 "대동아기독교"가 수립되어야 한다. 우리는 지금 믿음 안에서 기쁨과 감사와 자랑을 가지고 일본의 사회와 전통 및 민족성에 근거한 독특한 일본적 기독교회가 일본에 건설되었고, 그것이 마침내 확립되어가고 있다는 사실을 알리고자 한다. 여기서 그 일본 기독교 수립의 역사적 연혁과 독자적이며 고유한 성격을 간략히 기술하고자 한다.

일본에 기독교가 도래한 것은 일찍이 텐분(天文) 18년(1549년)에 프란치스코 하비에르(Francis Xavier)가 최초의 선교사로서 일본에 건너온 사건으로 거슬러 올라간다. 그러나 이것은 로마 가톨릭교회의 기독교였다. 프로테스탄트 교회의 전도는 메이지 유신 이후 근대 일본 국가가 세계를 향해 개국한 이후의 일이다. 당시 무사의 자제들 가운데 청운의 꿈을 품은 전도유망한 청년들은 선교사들이 문을 연 성서학교에 처음에는 영어를 배우기 위해 모여들었다. 그러나 실로 측량할 수 없는 하나님의 은혜로 말미암아 그들 가운데 어떤 이들에게 말씀의 씨앗이 심어지게 되었다. 사와야마 포로(澤山保滷), 니이지마 죠(新島襄), 혼다 요우이치(本田庸一), 우에무라 마사히사(植村正久), 에비나 탄죠(海老名弾正), 코쟈키 히로미찌(小崎弘道) 등 순수한 일본 무사들은 이 가르침을 듣고 그 가르침 가운데 일본 무사도와 서로 통하는 깊은 뜻이 숨겨져 있음을 깨달았다. 그들은 단순히 한 사람의 기독교 신도가 되기보다는 스스로 "너희들은 가서 전하라"는 예수의 명령에 전심전력으로 순종하여 바울처럼 "어머니의 태로부터 나를 택정하시고 그의 은혜로 나를 부르신 이"의 음성을 듣고 "그의 아들을 이방에 전하기 위해서 그를 내 속에 나타내시기를 기뻐하셨을 때"라는 신앙의 자각 아래서 이 말씀을 이 나라와 동포들에게 들고 가기로 마음 깊이 결의했다. 그들은 열심히 달렸다. 그러나 그들과 함께 말씀이 달렸다. 주님께서 달려가셨다. 그들은 넘어지기도 했다. 그러나 주님은 그들과 함께 넘어지지 않으셨다. 복음 선교는 여전히 소수의 유아적인 교회에 의해 담대하게 진행되었다. 이런 모습을 보고 선교사들은 놀랐다. 그리고 사려 깊은 자는 다음과 같이 생각했다고 전해진다. "일본인은 변했다. 일본인의 전도는 일본인들의 손에 맡겨져야 한다." 이렇게 하여 일본에서의 『사도행전』은 그들과 같은 초대 전도사와 선각자들의 손에 의해 엮어져갔다. 때로는 동포의 몰이해와 능멸과 조롱을 샀지만, 이런 상황에서도 믿는 자들의 수가 차츰차츰

증가되어 일본의 기독교회는 성장했다. 주 예수는 그들의 진실한 활동에 의해 이 나라에서 점점 더 위대하게 되었으며, 그들이 약해졌을 때에도 그들 가운데 하나님의 능력으로 강하게 존재했다. 특히 기독교는 일본 무사도에 접목되어 유교와 불교로 말미암아 최선으로 정리된 일본 정신의 토양에 뿌리를 내리고 꽃을 피워 결실하게 되었다.

초대 선각자에게 감화를 받은 제이 제삼의 계승자들 역시 임금에 봉헌하는 청명심과, 이웃을 경외하는 사랑과, 상대가 천만인이라 해도 나는 나아간다는 용기를 가지고, 세상의 모든 영예를 버리고 그리스도에 붙들려 뒤의 것을 버리고 앞의 목표만을 추구했다. 그리고 그들은 개인주의, 자연주의, 사회주의, 무정부주의, 공산주의 등 여러 사상이 미친 듯이 날뛰며 노도처럼 밀려 들어올 때, 다이쇼우(大正) 시대부터 쇼와(昭和) 초기에 걸쳐서 이런 사상에 대응하여 그리스도의 진리를 지키고 나라를 바로 세우려는 대의를 위해 살았다. 이런 일본 기독교의 지도자들을 생각하는 것만으로도 우리 국체의 본의와 일본 정신의 아름다움과 엄격함이 유감없이 발휘된다는 사실을 상기하니 감개가 무량하다.

이리하여 마침내 명실상부 일본의 기독교회가 수립되는 날이 왔다. 우리는 황기(皇紀) 2천 6백 년을 축전하는 성대한 의식을 앞두고 우리 일본에 있는 모든 교회와 모든 교파가 도쿄의 일각에 모여 하나님과 국가 앞에서 모든 교파의 재래적 전통, 습관, 기구, 교리의 차이를 일체 불식시키고 외국 선교사들의 정신적·물질적 원조의 속박으로부터 벗어나 모든 교파를 타파하고 한 덩어리로 하나로 독립하여 한 나라에 한 교회(一国一教会)를 세움으로써 세계 교회 역사상 그 선례와 유례를 찾아볼 수 없는 경이로운 사건을 시현했다. 이것은 오로지 하나님께서 도우시는 은혜로 우리의 오랜 기도를 들어주셨기 때문이다. 또한 우리 국체의 존엄무비한 기초에 입각하여 천업익찬(天業翼贊, 천황의 일을 받들어 도움)의 황도윤리를 습득한 일본의 기독교인이기에 비로소 이룰 수 있었던 과업이다.

이런 경과를 통해 성립된 것이 지금 제군들에게 말하고자 하는 "일본기독교단"(日本基督教団)이다. 그간 교단의 통리자가 황공하게도 궁중에 참내(参内)하여 [천황에게] 알현하는 은혜를 입는 큰 영광에 참여했기에 교단 일동은 천황의 넓은 마음에 감사하고 눈물을 흘리며 종교보국(宗教保国)이라는 일념으로 천황의 넓은 마음에 만 분의 일이라도 보답코자 마음 깊이 결의했다.

금년 4월에는 종래의 여러 학교가 교단신학교로 통일되고, 교단의 제도조직과 형식과 내용이 나날이 정비되어 모두가 한 몸이 되는 교회의 열매를 더욱 구현하고 있다. 이것을 나라의 역사에 명기하는 것도 일대성사라 할 수 있으며, 예로부터 전쟁으로 시종일관했던 서구 교회사에 이것을 명기하는 것 역시 주의 날의 예조가 되는 큰 표식이라 할 수 있다. "한 무리가 되어 한 목자에게 있으리라"(요 10:16).

제4장

우리의 사랑하는 형제들이여! 제군들에게 우리의 신앙을 고백하고 우리의 충정을 피력한 이 긴 서한을 끝내기에 앞서 지금 숙고해주길 바라는 것이 있다. 사도 바울이 빌립보 교회에 권면한 것처럼, 그리스도의 위로에 의해 부름 받은 자로서 우리는 동일한 사랑과 동일한 생각을 품어 하나가 되지 않으면 안 된다. 우리는 적성 국민들의 기독교 뿐만이 아니라 우리 자신도 자기가 중심이 되어 자기를 높이고 타인을 자기보다 우월하게 생각하지 않는 죄, 즉 "한마음"(빌 2:2)을 품지 않으려는 인간 고유의 분열적 원심작용이 인간 존재의 깊은 근저에 존재하고 있음을 인정하지 않을 수 없다. 그리스도는 이와 같은 우리를 대신하여 우리가 성취할 수 없는, 또는 성취하려고 하지 않는 것을 성취하셨다. 즉 그는 하나님의 아들이시며 하나님과 동등하신 분이시지만, 자기 본래의 고유한 소유까지도 인간처럼 고집할 것으로 여기지 않으시고, 자기를 비우시고 자신의 신적 본질과는 완전히 이질적인 인간적 본성을 입으시어 사람이 되셨을 뿐만 아니라 더 나아가 우리를 위해 십자가 위에서 고난을 받아 죽으시고 땅 아래까지 자신의 길을 가셨다. 이와 같이 그는 우리를 대신하여 아버지 하나님의 뜻에 완전히 순종하셨다. 여기서 하나님께서 인간에 대해 행사하신 유화(宥和)와 계시의 역사는 감추어짐과 동시에 현실로 드러났다. 이런 까닭에 하나님은 그를 죽음의 침상으로부터 일으켜 세우셨다. 즉 죽은 자 가운데서 부활하게 하셨다. 이렇게 하여 죽은 자 가운데서 그의 부활을 우리의 구원과 도우심과 힘으로서 영광 가운데 예증하셨다. 참으로 예수는 교회와 함께 전 세계에 아버지를 제시한 예언자이시고, 교회와 함께 전 세계를 대신하여 아버지 아래서 중보를 행하신 제사장이시며, 모든 교회의 주가 되신다.

형제들이여! 우리는 이 그리스도를 증언하는 증인이며 그의 몸인 것을 명기해야 하지 않겠는가? 그로 인해 화목하게 되었음을 증거하는 직분을 받지 않는 자는 그의 은총을 받았다고 말할 수 없다. 그분

없이는 버림받을 수밖에 없다. 오로지 그분 안에서만 구원의 약속을 받는 전 세계의 피조물들의 부르짖음을 듣지 않고서는 우리가 교회의 주 되신 그분의 음성을 듣는다고 말할 수 없다. 대동아 기독교가 우리의 동포 된 모든 민족에게 주님의 빛을 비추지 않는다면 빛을 가졌다고 할 수 없다. 나사렛 예수의 희생적 죽음의 가르침과 그 권능의 증언이야말로 우리의 위로다. 이는 물론 우리 그리스도인뿐만 아니라 우리가 속한 대동아 모든 민족의 위로이기도 하다. 그분 안에 우리의 길의 종말이 있고, 동시에 모든 사람의 길의 종말이 있다. 그분 안에 우리의 길의 시작이 있고, 동시에 우리 동포의 모든 사람이 살아가야 할 길의 진정한 발단이 있다. 이것이야말로 우리의 희망이다. 이는 단지 우리 기독교만이 아니라 동아의 모든 민족의 희망이다. 다시 말하자면 저 이스라엘 민족에 의해 버림받았지만, 천지의 주가 되신 하나님에 의해 영광 가운데 증언되고 제시되는 분, 이분이야말로 우리 교회와 그 지체뿐만 아니라 전 세계의 위로가 되신다. 우리가 여러 운명과 수수께끼와 고난과 죽음 사이에 존재하면서도 생명에 대한 신뢰를 가질 수 있는 기초는 예수 그리스도의 영광의 날, 천지가 갱신될 때 현시되는 것임에 틀림없다. 이것이 우리의 희망이다.

형제들이여! 우리는 이 위로와 이 희망이 하나이기 때문에 동일한 사랑과 동일한 사상으로 하나가 되지 않으면 안 된다. 이웃 사랑의 숭고한 사명 안에서 그 복음을 듣고 믿음으로써 "대동아공영권 건설"이라는 지상적 목표를 향해 모든 사람이 함께 전력을 쏟아붓지 않으면 안 된다. 우리는 이 신앙과 이 희망과 이 사랑을 하나로 바라보는 자들이기 때문에, 동일한 신념, 공동의 전우의식, 견고한 정신적 끈으로 하나가 되어 불의를 누르고 정의와 사랑의 공영권을 수립하기 위해 이 전쟁을 끝까지 싸우지 않으면 안 된다. 우리는 이것을 제군들에게 말하기에 앞서 우리 자신에게 말한다. 우리의 맹우이자 전우여! "너는 그리스도 예수의 좋은 병사로 나와 함께 고난을 받으라"(딤후 2:3).

우리는 기도한다. 그리스도의 은혜, 아버지 되신 하나님의 사랑, 성령의 교제가 하루라도 빨리 그것이 실현되기를 바라마지않는 대동아공영권의 모든 형제자매에게 있기를 바란다. 아멘.

(2) 내용 요약

본 서한은 1944년 부활절을 기해 조선, 대만, 중국 등으로 우송되었는데, 「교단시보」(1944. 10. 10.)에는 각 나라 말로 번역하도록 관계자들에게 의뢰했다는 기록까지 남아 있다.

서론은 본 서한을 성서의 사도적 서한으로부터 이어지는 "현대의 사도적 서한"으로 소개한다. 왜냐하면 성서에 계시된 복음이 이제 일본의 대동아공영권으로 계시되어 나타났기 때문이다. 그러므로 힘을 모아 이를 함께 건설하는 것이 복음적 행위라고 추켜세운다.

제1장은 대동아공영권에 속한 기독교인들은 "공동 투쟁이라는 운명적 과제"를 가진 자들임을 공표한다. 이 과제는 적성 국가(미국과 영국)들의 인종 차별과 침략 행위를 규탄하며 그들의 부정과 불의로부터 아시아의 제 민족을 해방시키기 위해 "성전"(聖戰)을 치르는 것이다. 이것이야말로 해방자 예수 그리스도의 복음을 전하는 것이며,

하나님의 이름으로 이웃 사랑을 실천하는 것임을 강조한다.

제2장은 만세일계의 천황이 통치하는 일본은 황실을 종가로 하는 대가족 국가의 국체를 가진 나라이며 일본 민족은 만방에 비할 데 없는 민족임을 내세우면서 그들의 우월성을 강조한다. 일본은 다른 문화와 종교 등을 일본화하여 독자적인 "일본적" 문화를 만들어내는 자주성이 강한 민족이며, 그런 능력은 국체가 가진 창조성에서 유래한다고 말한다. 대동아공영권 건설은 이런 일본과 함께 동아권에 태어난 제 민족의 최고의 의무라고 선전한다.

제3장은 국체에 근거하여 "대동아공영권"을 수립하는 것은 아시아 제 민족의 해방을 위한 것이며, "일본기독교단"은 이를 위해 만들어졌다고 말한다. 이는 서구의 침략적 기독교가 아니라 천황의 뜻을 받들어 황도윤리를 습득한 "일본적 기독교"이기 때문에 기독교의 정통적 순수성이 확보된 교회라고 선전한다. 예를 들어 기독교가 일본의 무사도에 접목되면서 비로소 온전한 기독교로서 힘을 발휘한다고 말한다. 따라서 이 교회는 천황의 아량에 만분의 일이라도 보답하고자 종교보국에 힘쓰는 참된 교회라는 것이다.

제4장은 대동아공영권에 있는 모든 기독교인은 예수 그리스도의 위로로써 대동아 기독교로 "부름"을 받은 자들이기 때문에 한마음이 되어야 한다고 강조한다. 그 부름이란 대동아의 모든 민족에게 빛을 비추어 적국들로부터 해방시키는 것이다. 따라서 대동아공영권 건설이라는 지상적 과업에 모든 신앙과 희망을 쏟아부어 수립을 완수하자고 말하며 끝을 맺는다.

(3) 비판

이 서한은 일본기독교단이 천황제 이데올로기에 좌우되는 침략 전쟁의 도구가 되어 시녀 노릇을 톡톡히 하고 있다는 사실을 주저 없이 보여준다. 1943년 일본 제국 의회가 "대동아공동선언"을 발표하지만, 이 "서한"은 그것의 교단 버전이라고 할 수 있다.[86]

더욱이 여기서 놀라운 사실은 서한 공모에서 2등으로 당선된 야마모토 카노우가 바르트 신학을 일본에 소개한 사람이라는 점이다. 그는 1928년에 바르트의 『빌립보서 주해』를 번역하여 출판하면서 이 책이 바르트의 『로마서 강해』와 『교회교의학』의 연결고리가 되는 중요한 내용을 담고 있다고 말했다. 그리고 바르트의 『빌립보서 주해』는 교회의 신앙을 통일시키는 강력한 메시지를 가진 책이라고 주장했다. 바르트에 대한 야마모토의 이런 생각은 서한 원고를 작성함에 있어 분명히 큰 영향을 미쳤을 것이다.[87] 이교(異教) 집단인 나치 히틀러에 맞서 투쟁 모드로 일관했던 바르트 신학이 천황제 이데올로기에 의한 대동아공영권 침략 전쟁을 선전하기 위해 도용되지 않았다고 누가 말할 수 있겠는가?

또한 서한 공모 심사와 함께 모든 신학의 책임자였던 쿠마노 요

---

86 서한에 대한 비판적인 글로는 다음을 참조하라. 一條英俊, "大東亜書翰と『バルト神学』"(上)「福音と世界」, 4월호(2005), 50-61; "大東亜書翰と『バルト神学』"(上)「福音と世界」5월호(2005), 40-56; 『世のために存在する教会』(新教出版社, 1995), 16-48.

87 "大東亜書翰と『バルト神学』"(上), 58.

시타카(熊野義孝) 역시 일본의 대표적인 신학자로서 바르트 신학을 일본에 적극적으로 소개한 사람이었다. 그는 1933년 『종말론과 역사 철학』을 발표하면서 패전 후에도 일본 신학계의 지도자로서 지대한 영향을 미쳤다. 그는 하나님이 절대적 주어가 되는 곳에 신학이 성립한다는 바르트적 신학을 구사했다. 그럼에도 불구하고 그를 비롯한 1930년대 일본 신학자들은 바르트와 브룬너의 차이점에 민감하지 않았다. 오히려 그들은 브룬너(Emil Brunner, 1886-1968년)나 고가르텐(Friedrich Gogarten, 1887-1968년)으로 기울었다. 왜냐하면 그들은 바르트의 신학에는 "역사", "가족", "민족", "국가" 등과 같은 주제가 자리를 잡을 수 없다고 판단했기 때문이다. 환언하면 바르트가 교회와 국가에 관해 교회신학적으로 그리고 정치 윤리적으로 예리하고 선명한 사고와 주장을 구사했을 때, 그들은 그것의 신학적 타당성에 동의하기보다는 천황제 이데올로기의 국가론에 동의했던 것이다. 그들은 현실정치에 대한 신학적 과제와 임무를 깨닫기보다는 내면화된 사상으로서의 신학을 구사했다. 그들의 신학에는 국가의 침략 전쟁에 관한 성서적·신학적 사고가 존재하지 않았다. 그들의 신학은 "일본적 기독교"의 포로가 되어 있었던 것이다. 사실상 국수주의적이며 민족주의적인 "독일적 그리스도인 신앙 운동"(Glaubensbewegung Deutsche Christen)에 대한 바르트의 투쟁신학은 그들의 취사선택에서 제외된 항목이었다.

그리하여 주님과 교회를 배반하는 의미에서 국가에 서약할 수 없다며 히틀러에 대한 충성 서약을 거부하여 교수직을 박탈당한 바르트와는 달리,[88] 일본의 대표적인 바르트 신학자들이었던 쿠마노와 쿠와타는 국가의 침략행위에 오히려 지원 사격조로서 가담했던 것이다. 패전 후에도 그들은 어떠한 회개나 반성 또는 자숙도 없이 일본 신학계의 선생으로서 후학을 가르쳤다. 그들은 바르트를 일본어로 번역할 수는 있었을지 몰라도, 그의 신앙과 신학을 번역하지는 못했던 것이다. 그들은 "위험한 길을 피할 줄 아는 요령"에 익숙한 자들로서, 목사와 학자의 양심을 버린 엉큼한 샀군들이었다. 그들이 구사하는 바르트 신학이란 습합적이고 잡거적인 사고에 굴절되고 일본화되어버린 "일본적 바르트주의"였다. 『복음주의 신학입문』의 일본어판 서문(1962년)에서 바르트가 기타모리의 "하나님의 아픔의 신학"을 "일본적 기독교"라고 비판한 것은 이런 의미에서 지당하다. "일본적"인 것이 아닌 성서에 뿌리를 둔 복음주의적 신학은 "정신적 잡거성"과 결코 공존할 수 없다.

패전(1945. 8.) 후 쇼와 파시즘의 앞잡이 노릇을 했던 자들은 모두 이 서한에 대해 함묵했기 때문에 일본 교회에서조차 그것의 존재를 모르는 자들이 많다. 그러나 1967년 이 "서한"의 전문이 「복음과 세계」에 소개되면서 비로소 일본의 교회들도 관심을 가지게 되었다. 그 당시에 서한 및 조선 기독교에 관해 오윤태씨가 쓴 글을 여기에 인용한다.[89]

---

88 桑原武夫編, 『世界思想敎養全集 21: 現代キリスト敎の思想』(河出書房新社, 1963), 206-7.

89 吳尹台, "戰時下の韓国教会の苦難", 「福音と世界」 5월호(1967), 18-29(28).

본 서한은 1944년 부활절에 발송되었지만…다음 해 종전을 맞이했기 때문에 총독부에 굴종했던 자들은 이 서한을 발표한 입장이 불리하다고 판단하여 거의 감추고 공개하지 않았다. 그렇기 때문에 한국 목사들 가운데 이 서한을 읽은 사람은 거의 없다.…이 서한이 교회 및 교역자들에게 미친 영향은 매우 컸을 것으로 생각한다. 이것은 하나님 앞에 범한 죄로서, 그 이상의 큰 죄는 없을 것이다.

패전 후 자기 반성이나 회개도 없이 오로지 현실적으로 연명(延命)하기만을 바라며 달려왔던 일본기독교단은 아직까지도 "서한"에 대한 공식적인 글을 남기지 않고 있다. 국가 질서가 도착(倒錯)되고 왜곡되었을 때 교회가 그리스도 안에 지속적으로 머물고 버티면서 그리스도의 교회로서 살아가지 못하는 것은 그리스도의 교회이기를 포기했다는 의미이기도 하다.

17. 패전 후 일본기독교단

(1) 총참회갱생운동

1945년 8월, 포츠담 선언을 수락한 일본은 무조건 항복으로 패전했다. 8월 15일 천황이 "종전조칙"(終戰詔勅)을 발표한 가운데 당시 수상이었던 히가시쿠니노미야(東久邇宮)가 기자회견을 열었다. 그는 "일억총참회"를 언급하면서 "전 국민이 총참회하는 것이야말로 우리나라를 재건하는 첫걸음이 된다"고 강하게 주장하면서 국민에게 호소했다. 수상은 카가와 토요히코에게 기독교계의 참회 운동을 이끌어달라고 요청했다. 수상으로부터 부탁을 받았을 때 카가와는 "나는 눈물 항아리"를 준비하는 마음으로 동참하기로 결심했다고 술회했다. 카가와는 총참회 운동을 일본기독교단에 전달했고, 통리자 토미타는 "영달"(諭達) 제14호를 발포하여 온 힘을 다해 실시하라고 전국 각 교회에 지시했다. 8월 31일, 교단전후대책위원회는 "총참회갱생운동을 시작하여 작금의 국가적 위급에서 나라를 구원할 것을 결의"했다. 이를 실행하기 위해 중앙위원회가 설치되고 위원장에 카가와가 임명되었는데, 그는 신앙보국을 위해 감사하는 마음으로 이 일을 수행하겠다고 다짐했다. 물론 여기서 말하는 참회란 성서에 계시된 하나님께 대한 참회가 아니라, 어디까지나 천황에 대한 미안하고 죄송한 마음을 "참회"하는 것이었다. 통리자 토미타가 발송한 "영달"(諭達) 제14호의 내용은 다음과 같다.

금번에 천황께서 성단(聖斷)하시어 황송하게도 칙서를 발표하셨다. 이것으로 우리 국민이 앞으로 나아갈 길이 확정되었다. 따라서 본 교단의 목사와 신도는 이때를 기해 천황의 깊은 뜻을 받들어 국체호지 (国体護持)를 위한 일념에 철저를 기하고 더욱 신앙에 증진하여 앞으로의 국가재건을 위해 총력을 기울임으로써 그 위대한 뜻에 부응해야 할 것이다.

우리는 무엇보다도 일이 이렇게 된 것이 되돌아보면 우리의 충성이 부족하고 보국을 위한 노력이 결핍했기 때문이었다는 사실을 깊이 반성하고 참회하며 앞으로 나아갈 길에서 인고정진(忍苦精進)하여 신 일본의 정신적 기초 건설에 이바지할 것을 엄숙히 맹세하지 않으면 안 될 것이다.

특히 종교보국을 우리 자신의 기본적 임무로 부여받은 우리는 다음의 사실에 유의하여 신도들을 가르치며 일반 국민을 교화하는 일에 매진해야 할 것이다.

一. 승조필근(承詔必謹: 천황이 조칙을 내렸다면 반드시 삼가 실행해야 한다는 뜻): 이때를 기해 사념을 일절 버리고 조칙을 공경하며 높이 받들어 어디까지나 냉정하고 침착하게 질서유지에 힘을 쏟으며, 그렇게 함으로써 황국재건의 활로를 닦아가야 할 것이다.[90]

이는 "대동아공영권" 확립을 위한 대동아전쟁에서 패한 것은 국민들이 태만하여 천황의 넓은 뜻을 헤아려 성심성의껏 부응하지 못했기 때문이라고 판단하여 천황에게 사죄하고, 앞으로는 더욱 충성을 다해 국체호지, 즉 천황제 국가 유지와 황국 재건을 위해 모든 것을 바치겠다고 맹세하는 서약서와 같다. 이처럼 패전 후 일본기독교단은 천황에 대한 참회로부터 다시 시작했다. 이는 독일교회가 전쟁 후 철저한 반성과 회개로부터 새롭게 시작한 것과 대조된다. 일본의 교회들은 대동아 침략 전쟁에 대한 반성을 전혀 보여주지 않았다. 전쟁 협력에 대한 책임을 지겠다고 나선 교회 지도자도 없었다. 오히려 천

---

90   『現人神から大衆天皇制へ』, 179, 191; 토미타는 패전 후에도 여전히 일본기독교단의 지도자로 활약했고, 1946년부터는 금성여자전문학교(金城女子專門學校, 현 금성학원대학[킨죠가쿠인다이가쿠]) 이사장이 되었다.

황에 대한 국민도덕이 저하되었기 때문에 전쟁에서 졌다는 참으로 어처구니없는 자기 성찰만이 있었을 뿐이었다. 게다가 이로 인해 도리어 "기독교 붐"이 일어나 교세 확장으로 이어졌다고 허풍을 치는 일이 일본 교회사에 등장했다. 그들은 여전히 "일본교 그리스도파"로서 계속 이어가기를 원했던 것이다.

(2) 카가와 토요히코(賀川豊彦)

"총참회갱생운동"은 일본기독교단 중앙위원회 위원장인 카가와를 중심으로 대대적으로 진행되었다. 그는 실로 이 운동에 적극적이었다. 패전 다음 달인 1945년 9월 25일에는 갱생운동을 위한 대기도회, 그다음 달에는 총참회 기도수양회 등을 개최하여 본인이 직접 강사로 나섰다. 이 운동은 주요 도시에서 개최되었는데, 보통 카가와가 주 강사가 되어 교회원들과 국민들을 참회하도록 설득했다.

카가와 토요히코는 한국에서 "일본의 성자"로 알려진 인물로, 빈민 구제, 사회 개량, 반전운동에 익숙한 목사다. 그러나 카가와에 대한 평가는 일본에서 실로 다양하다.[91] 예를 들면 그는 1940년 마츠자와(松沢) 교회에서 설교를 마치고 시부야(渋谷) 헌병대로 연행되지만, 무혐의로 풀려난다. 반전운동을 했다는 이유로 사상범으로 구속된 그가 당시에 무혐의 처분을 받았다는 것은 아무런 저항도 없었다

---

91 『現人神から大衆天皇制へ』, 185-207, "第8章 賀川豊彦における戦前と戦後のはざま"에서 많이 차용했음.

는 뜻이다. 그렇다고 이것이 그가 국가에 동조하기로 전향했다는 의미도 아니다. 왜냐하면 그는 처음부터 쇼와 파시즘에 앞장섰던 군국주의자였기 때문이다. 천황을 숭앙했던 카가와는 "전능하신 하나님의 섭리"가 천황에 개입되었다고 하면서 "천황의 인자에 하나님의 사랑이 나타남을 보았다"고 했다.[92] 그는 히틀러를 하나님의 계시인 메시아로서 우러러보았던 "독일적 기독교인"과 동일한 이교주의자였다. 그는 한 라디오 방송에서 다음과 같이 국민들을 유혹했다.

> 동양은 오랫동안 이른바 기독교 국가의 세속적인 야망의 성취를 위해 억압받아왔습니다. 스스로 그리스도인이라고 하는 자들이 왜 많은 민족과 후진국 동양 사람들을 노예로 취급하는지 저로서는 이해할 수 없습니다.…그들이야말로 회개하여 부활의 능력으로 살아가야 할 것입니다.…그리스도의 제자는 십자가를 짊어지고 황국을 위해 순교하십시오.[93]

그는 아시아의 해방이 하늘로부터 일본에 주어진 국가적 사명이기 때문에 일본 국민들은 기개를 가지고 대동아공영권 건설을 위해 목숨을 바쳐야 한다고 주장했다. 그는 전쟁을 "중대한 죄악"이라고 하면서 반전을 주장했지만, 대동아공영권 확립을 위한 황국의 전쟁은 문제 될 것이 없다는 논리를 폈다. 왜냐하면 "대동아전쟁"은 정의를

---

92   『現人神から大衆天皇制へ』, 202.

93   『現人神から大衆天皇制へ』, 187.

위한 성전이기 때문이었다. 다시 말해 그의 세계평화운동은 어디까지나 천황 중심의 제국 논리에 근거한 것이었다.

천황 중심의 우월주의적 차별의식이 카가와의 기저에 흐르고 있었다. 민족 우월주의는 인종, 계층, 성 등을 하나의 단위로 규정하여 차별하는 논리에 근거하기 때문에 식민지 통치는 그에게 전혀 위화감이 없었다. 우월한 문명이 열등하고 미개한 종족이나 민족 또는 국가를 침략적으로 개도한다는 것은 적어도 그에게는 전혀 문제될 것이 없었다. 이런 우월주의를 바탕으로 한 지식인이었던 교회 목사가 제국주의의 앞잡이 역할을 톡톡히 해냈던 것이다.[94]

이처럼 카가와는 천황제 국가의 우월성에 사로잡힌 원리주의자로서 패전 후에도 "대동아전쟁"이 잘못된 전쟁이 아니었다고 종교적으로 떠들었던 대표적 인물이었다. 그의 사고 구조는 전쟁이란 단순히 전쟁이기 때문에 승리를 바라는 것은 국민의 당연한 의무라고 생각하는 정도였다. 이런 자들이 패전 후에도 일본 교회의 지도자로서 요직을 차지하여 교회를 지도했다. 그러니 일본 기독교인들은 "공적으로는 천황교, 사적으로는 기독교 방식"의 삶을 살았던 것이다.[95] 이처럼 공적 신앙과 사적 신앙이 분리 가능한 일본식 종교에서 교회가 천황교의 현인신이 주도한 전쟁에 대해 반성하고 회개한다는 것은 도무지 상상조차 할 수 없는 일이었는지도 모른다. 히가시쿠니노미

---

94 村山由美, "新資料にみる賀川豊彦の天皇観", 「南山宗教文化研究所 研究所報」第 26号(2016), 69-75(73).

95 土肥昭夫, 『歴史の証人』(教文館, 2004), 186. 다음에서 재인용. 『現人神から大衆天 皇制へ』, 183.

야 내각이 10월에 퇴각하면서 총참회갱생운동은 소강 상태로 접어들지만, 카가와는 이 전쟁에 대한 책임, 즉 전쟁에 협력한 자로서 당연히 깨달아야 하는 중대한 사실을 전혀 인지하지 못했다. 이는 일본 기독교단이 "전국기독교대회"(1946. 6. 9.)를 기획하여 결의문을 채택하고 다음의 세 조항을 "신일본 건설 기독 운동"의 목표로 삼은 것에서 드러난다.[96]

1. 우리는 그리스도의 복음으로 일본 교화를 힘쓴다.
2. 우리는 전력을 다해 아사(餓死)로 죽어가는 8천만 동포를 구원하기 위해 노력한다.
3. 우리는 고난 가운데서도 남녀의 순결을 보전하고 도의를 앙양하도록 힘쓴다.

상기한 세 항목은 상술했던 "황기 2천 6백 년 봉축 기독대회"의 세 항목[97]과 유사하다. 두 대회의 장소도 동일하게 청산학원이었다. "이것은 결코 우연의 일치가 아니다."[98] 이 결의문은 대동아전쟁에 협력하고 봉사했던 교회가 이제는 평화를 새롭게 구축하는 기초가 되고자 한다는 납득할 수 없는 논리를 구사한다. 전쟁 전과 전쟁 후, 일본

---

96 『日本とキリスト教の衝突』, 71.
97 1. 우리는 기독교 복음을 전하고, 구령사명을 완수할 것을 맹세합니다. 2. 우리는 모든 기독교회가 합동하기로 맹세합니다. 3. 우리는 정신의 작흥, 도의 향상, 생활의 쇄신을 맹세합니다.
98 『日本とキリスト教の衝突』, 72.

교회에서는 사유의 변환이 전혀 일어나지 않았다. 교회는 항상 하나님의 말씀에 의해 역사화되어야 한다. 하나님의 말씀은 교회로 하여금 항상 자기 자신을 역사적 존재로서 새롭게 파악하도록 인도한다. 교회가 자신을 역사적으로 인식하는 통찰력을 잃어버리는 것은 역사로부터 배울 수 있는 통로를 스스로 닫아버리는 것이다. 일본 교회가 동일한 과오를 범한 이유가 바로 여기에 있다. 즉 교회가 역사적 존재로서 역사를 인식하며 존재하기보다 역사로부터 소외된 천황교라는 신화적 이데올로기에 의해 닫힌 교회로 존재함으로써 동일한 실수를 반복했던 것이다. 교회가 역사와 분리된 내면적 신앙으로 머무는 이상, 역사적 침략 전쟁에 대한 책임 있는 사유와 반성은 존재하기 어렵다.

패전 후 카가와를 비롯한 일본 기독교 지도자(?)들은 자신들이 일으키고 협력했던 침략 전쟁을 국가적 범죄 행위로 인식하기보다는 인간의 원죄 문제로 환원시켜버린다. 즉 그들은 역사적 현장의 문제를 인간 내면의 문제로 제한시키면서 감춰버린 것이다. 그들이 생각하기에 일억 국민이 총참회갱생운동을 해야 하는 이유는 일본이 침략 전쟁의 주범이어서가 아니었다. 그들은 이 전쟁이 모든 인류가 죄인이기 때문에 일어난 불행이라고 말하면서 침략 전쟁을 인간 보편성의 문제로 간주하고 참회 역시 모든 인류의 회복이라는 관점에서 이해했다. 그들에게는 일본만이 나쁜 것이 아니라 인간 자체가 가진 죄성이 문제였기 때문에, 그들의 역사 의식에서 이 전쟁에 대한 책임 문제 등은 아무런 자리도 차지하지 못했던 것이다.

오늘날에도 일본인들의 의식에는 자신들이 "대동아전쟁"을 일으킨 가해자라는 의식보다 원폭의 피해자라는 의식이 남아 있는데, 정부는 이런 의식을 철저히 교육하며 고양시킨다. 사실상 일본 교회는 패전 후 약 2-30년이 지난 후에야 전쟁의 책임 문제를 조금씩 거론하기 시작했다.

18. 패전 후 일본기독교단과 전쟁의 책임

패전 후 "일본기독교단"을 만들어냈던 종교단체법이 폐지되었다. 따라서 "교단" 역시 해산되어야 마땅했을 것이다. 그러나 교단 안에서 교단 해체에 대한 목소리는 거의 없었다고 해도 과언이 아니다. 그들은 오히려 하나의 합동교회라는 "대의명분" 아래서 새롭게 자신들의 살길을 모색했다.[99] 이는 천황제 이데올로기에 의한 종교단체법으로 만들어진 자신들의 체질을 계속 이어가겠다는 것이었다. 환언하면 일본 교회는 패전이라는 충격도 잠시뿐, 1945년 이전의 전통으로 너무 빨리 되돌아가 버렸다. 다시 말해 교회가 이전의 습관과 기질을 드러내기 시작한 것이다. 일본에서 기독교는 외면적으로는 천황교를 신봉하면서 내면화된 기독교라는 삶의 방식에 아주 익숙해져 있었다. 따라서 교회는 여전히 천황의 뜻을 받들어 국체호지에 충성하

---

[99] 패전 후 일본기독교단의 흐름에 관해서는 다음을 참조하라. 『日本プロテスタント教会の成立と展開』 "제6장 1960년대 일본기독교단", 269-329; 『日本とキリスト教の衝突』, 69-100. 일본 및 독일 교회와 관련하여 패전 후 전쟁의 책임에 관한 행보는 중요한 주제다. 이에 대해서는 반드시 현대 교회가 배워서 이를 통해 교회의 방향 설정에 대한 통찰을 얻어야 할 것이다.

는 것에 전혀 거리낌이 없었다.

일본기독교단은 자신의 천황교적 체질을 회개하고 바꿀 수 있도록 "패전"이라는 직격탄을 맞았음에도 불구하고 꿈쩍도 하지 않았다. 즉 신앙적·신학적인 반성과 성찰이 그들의 신앙과 신학적 단층으로 비집고 들어가지 못했던 것이다. 따라서 당연히 그들은 천황제 이데올로기의 어용 종교가 되어 침략 전쟁의 앞잡이 노릇을 했다는 사실에 대해서도 교회적·신학적 반성이 없었다. 모든 교회는 마치 약속이나 한 듯이 천황제 군국주의의 침략 행위에 부역했던 목사와 신학자들에 대한 비판은 물론이거니와 반성이나 회개의 모습조차도 없었다. 사실상 앞에서 살펴본 카가와의 행보는 패전 후 일본 교회의 목사와 신학자들의 전형적인 모습이었다. 이것이 바로 패전 후 일본 교회의 민낯이었다.

그럼에도 불구하고 "일본기독교단" 안에 머무는 것을 선한 것으로 여기지 않았던 교회들이 서서히 교단을 이탈하기 시작했다. 교회제도상 서로 달랐던 성공회와 루터파 교회 등이 분리되었고, 이유 없이 강제로 통합되었던 재일본조선기독교회가 본래의 자기 교단으로 되돌아갔으며, 복음 전도에 대한 이해의 측면에서 교단과 달랐던 성결교회나 임마누엘 교회, 형제단 교회 등도 이전의 자기 교단으로 이탈하여 독립했다. 그러나 그들의 이탈은 과거에 대한 반성이나 회개에 의한 것이라기보다는 교회 체제나 교리상의 문제 때문이었다.

하지만 본래의 교파로 되돌아가지 않고 "일본기독교단" 안에 그대로 머문 교회들도 있었다. 그래서 여전히 지금도 "일본기독교단"을 주변에서 볼 수 있다. 이는 교회적·신앙적·신학적으로 색깔을 달리하는 교회들이 전시하의 체제, 즉 하나의 교회라는 "대의명분" 아래 만들어진 연합교회(united church)를 신정론으로 합리화하여 이어 온 것이다. 따라서 "신앙적·조직적 측면에서 애매한 종교집단"이라는 비판이 항시 그들을 따라다닌다.[100]

그들이 이처럼 "애매한 종교집단"으로 만족할 수 있었던 것은 "베옷을 입고 재에 앉아 회개"(마 11:21)할 필요성을 느끼지 못했기 때문인지도 모른다. 그들은 일본의 침략성을 인류 보편의 죄성에 파묻어버리고, "5개년 전도" 계획, "개교회 충실" 사업, "미자립 교회 자립 및 강화" 정책, "전국 미자립 개척 및 각계층 전도"와 같은 프로그램과 행사 마케팅으로 교인들을 현혹시키는 일에 몰두할 뿐이었다.

사실 패전 후 일본 교회는 천황제 제국주의라는 기나긴 포로기를 통해 성서적 신앙이 내적으로 빈사 상태에 있었으며 영적으로 심각한 질병에 감염되어 있었다. 그럼에도 교회 지도자들은 여전히 허황된 천황제 국가라는 큰 바퀴가 굴러가는 행적을 따라가기에 바빴다. 그들은 오래된 우상적 기저 질환의 체질로부터 회복되는 것과는 여전히 거리가 멀었다.

여기서 잠시 독일 교회 이야기를 하고자 한다. 패전 후 일본 교회와 동일한 처지에 놓였던 독일 복음주의 교회는 달라도 너무 달랐다. 그들은 1945년 8월, 니뮐러(Martin Niemöller, 1892-1984년)의 "트라이자(Treysa) 연설", 10월 "슈투트가르트 죄책 고백"(Stuttgarter

---

100   『日本プロテスタント教会の成立と展開』, 275.

Schuldbekenntnis), "다름슈타트 선언"(Darmstädter Wort, 1947년) 등으로 이어지는 죄책 고백과 선언으로 재건과 재출발을 시도했다. 예를 들어 슈투트가르트 죄책 고백의 일부분은 다음과 같다.

우리는 지금 모든 교회의 이름으로 말합니다. 실로 우리는 나치 권력의 지배하에서 공포스러운 모습을 드러냈던 영에 항거하고 오랜 세월 동안 투쟁해왔습니다. 그러나 우리는 스스로 고발합니다. 우리가 보다 대담하게 고백하지 못했고, 보다 충실하게 기도하지 못했으며, 보다 기쁨으로 믿지 못했고, 보다 타오르는 마음으로 사랑하지 못했던 것을 말입니다. 이제야말로 우리 가운데서 새로운 출발을 이루어 내지 않으면 안 됩니다.[101]

패전 후 독일 복음주의 교회는 하나님께 그리고 세상의 이웃들에게 전쟁에서 자신들이 범한 죄를 고하고 회개하는 "죄책 고백"으로 새로운 출발을 시작했다. 그러나 일본기독교단은 신앙고백이 아니라 정치적인 것으로 새 출발을 감행했다. 사실상 일본 교회가 죄책을 토해내는 모습은 패전 후 약 20년이 지난 1967년 3월에야 "제2차 대전 하 일본 기독교의 책임에 관한 고백"에서 비로소 발견할 수 있다. 하지만 이 역시 전체 교회의 동의를 얻은 것이 아니라 총회장 개인의 이름으로 발표한 것에 지나지 않았다. 이로써 과거의 죄책은 흐지부지 묻혀버렸기에, 마치 일어나지도 않은 것을 날조한 이야기처럼 다

---

101   雨宮栄一, 『ドイツ教会闘争の挫折』(日本基督教団出版局, 2012), 250-251.

음 세대에 전해질 수도 있겠다는 위구를 떨쳐내지 못한다. 그래서 일본 교회가 메이지 유신에서 패전에 이르는 80년을 기억하지 못하는 태도가 굳어졌는지도 모르겠다. 하지만 역사적 현실에 눈을 감고 형이상학적 신학만을 추구하는 것은 열광주의도 현실주의도 아닌 자기만족일 뿐이다.

교회와 국가는 동일하게 하나님이라는 근원적 시발점을 가진다. 따라서 두 기관은 결단코 자기 목적을 위해 존재할 수 없다. 이런 의미에서 예수 그리스도를 머리와 몸으로 하는 교회는 감히 정치적일 수 없다. 그러나 하나님의 기관인 국가가 하나님으로부터 부여받은 본래의 목적에서 벗어나 자기 목적화로 치닫는다면, 그래서 그런 현실에 교회가 직면하게 된다면 그때 교회는 정치적이지 않으면 안 된다. 왜냐하면 이런 상황을 포기할 때 교회는 이단이 되기 때문이다.

19. 일본 기독교의 현재

천황제 이데올로기에 의한 국가 재편성으로의 회귀는 여전히 진행형이다. 이는 일본 정치판에서는 말할 것도 없고 기독교계 내에서도 전혀 거리낌 없이 드러난다. 2014년 10월에 만들어진 "일본을 사랑하는 그리스도인들의 모임"은 과거 전쟁의 책임을 운운하는 것은 부질없는 "자학사관"에 근거한 역사 이해라고 주장하면서 대동아전쟁의 침략성을 거담하고, 강한 일본 만들기를 위한 교회적 헌신을 주장하고 나섰다. 다음 인용문에 나오는 그들의 설립 취지와 캐치프레이즈는 "일본교 그리스도파"의 전형을 보여준다.

2015년, 우리 일본은 패전 70주년을 맞이했다.…이제 우리나라 일본에서는 여러 면에서 전후 일본 사회를 구속했던 기만이 드러나고, "전후 레지임으로부터의 탈각"을 강하게 의식하게 되었다. 이 전형적인 예가 최근에 일어난 아사히 신문의 이른바 "종군위안부" 보도의 날조 문제다. 이것은 전후 일본 사회가 얼마나 "좌익 매스컴"에 의해 부당하게 취급당하고 소위 "자학사관"으로 세뇌당하여 그것이 깊이 새겨졌는지를 의미한다. 이 사건으로 인해 많은 국민이 단번에 "자학사관"에서 깨어나기 시작했다.…이제야 역사를 지배하시는 하나님이 일본인을 "정신적 바빌로니아 포로"로부터 해방시키신다.…많은 일본인은 기독교를 여전히 일본인을 폄하하는 것에 몰두하는 "반일좌익 종교"로서 오해하고 있다.…주님 되신 하나님이 각 민족과 문화 가운데 참하나님을 발견할 수 있는 열쇠를 준비해두셨다는 오늘날의 선교학을 중요하게 인식하면서 일본의 역사와 문화 전통을 적극적인 의미에서 수용하여 새롭게 재평가하고자 한다.

1. 일본은 "나쁜 나라였다"는 것을 생각하기보다 일본의 좋은 점을 적극적으로 평가하고 일본을 마음으로 사랑하며 그리스도의 복음에 의한 부흥을 바라보며 기도하자!

2. 일본 역사와 전통을 깊이 생각하여 그곳에서 일본인이 구원받기

위해 허락된 구속의 은사를 발견하자.'[102]

일본의 역사와 문화 전통 안에서 하나님을 발견할 수 있다는 민족 중심의 문화사관은 독일 나치당과 함께 일본 제국주의 천황제 이데올로기의 기본 주장이다. 현인신 천황에 메시아성을 덧입혔던 망령이 기독교회 안에서 21세기에 떳떳하게 다시 등장한 것이다. 이는 일본 역사 및 전통과 기독교의 관계는 유대교와 기독교의 관계와 흡사하며, 일본의 신사 등에서 그런 신적 계시의 유사성을 발견할 수 있기 때문에 일본 역사를 정당하게 다시 평가해야 한다는 것이다.

이런 자연신학적인 잡거성은 신학적 공리로서 "나 외에는 다른 신들을 네게 두지 말라"는 제1계명에 의해 철저하게 정리되어야 한다. 제1계명을 떠나서 역사와 문화 속에서 신적 계시를 찾겠다는 이들은 아베 정권을 지탱하는 "일본회의"의 기독교판이라고 할 수 있다. 사실상 일본 땅에 개신교가 들어오기 시작한 날부터 그들이 원했던 "일본적 기독교" 또는 "일본교 그리스도파"가 오늘날 뿌리를 내릴 기세로 활동하고 있는 것이다.

"일본을 사랑하는 그리스도인들의 모임"의 부회장인 테즈카 마사아키(手束正昭)는 타카사고(高砂) 교회의 목사로서 "일본민족총복

---

102 2020년 4월 14일 자 http://www.mas-eng.com/nihon-ai/information.html에서 인용. "레지임"(regime, 체제 등을 의미)이란 패전 이후에 확립된 세계 질서 체제(얄타 회담 등)를 의미한다. 일본에서 아베가 "전후 레지임"이라고 말할 때는 일본이 패전한 이후 GHQ의 점령하에서 만들어진 일본국 헌법을 시작으로 하는 법령 등 자유민주주의 체제, 매스컴, 경제, 금융권의 소재를 의미하는 것으로 사용되었다. 아베는 이 체제로부터의 탈출을 국민에게 호소한 것이다.

음화운동협의회"의 총재다. 전임 총재인 오쿠야마 미노루(奧山実)와 이사 사메지마(鮫島紘一) 목사 등은 CGNTV에서도 활약했다. 이 모임은 "일본민족총복음화운동협의회"를 기반으로 설립되었는데, 이들과 유사한 집단으로는 "헤브니즈 브릿지"(Heavenese Bridge, 대표 石井希尚), "성서와 일본포럼"(회장 畠田秀生) 등이 있다.

(1) 역사 새로 쓰기

상기와 같은 극우 기독교가 등장하는 배경은 아베 정권과 밀접한 관계가 있다.[103] 제1차 아베 정권(2006-2007년)은 "전후 레지임으로부터의 탈각"이라는 모토로 시작했다. 그리하여 교육기본법을 개정하고 애국심과 정부의 국민 통제를 강화시켰으며 방위청을 방위성으로 승격시키고 국민투표법을 제정했다. 이와 같은 아베의 제1차 슬로건이 그대로 "일본을 사랑하는 그리스도인들의 모임"의 슬로건이 된 것이다.

제2차 아베 정권(2013-2014년)은 "강한 일본을 되찾자"라는 슬로건을 대대적으로 내걸고, 전쟁 참가 준비, 국가안전보장회의 설치, 특정비밀보호법, 집단적 자위권 거부에 대한 내각결정권, 안전보장 관련법 등을 추진해왔다. 그들의 역사 수정주의와 배외주의는 위안부 문제, 강제징용 문제, 이세신궁, 야스쿠니 신사 참배 등에서 강하

103　山口陽一 · 渡辺信夫 · 登家勝也 · 柴田智悦 · 金芳植(著), 『日本的キリスト教を超えて』(いのちのことば社, 2016), 11-12.

게 드러났다. 이와 함께 민족주의 국민운동 단체인 "일본회의"는 헌법개정, 애국심 고취, 자학적 역사관 교육의 시정 등을 정부에 강하게 요구하면서 아베를 거들었다. 또한 "신도정치연맹"은 일본을 위해 목숨을 바친 자들을 높이고, 야스쿠니에 합사된 영들에 대한 국가제사를 확립할 것을 요구하면서 대동아전쟁의 정당성을 주장했다.

이런 가운데 새롭게 출범한 제3차 아베 정권(2015-2018년)은 "일억총활약사회"라는 슬로건을 내걸고 "사람 만들기 혁명 담당 각료"라는 괴상한 것을 만들어 나라와 국민들을 새롭게 개조하겠다는 뜻을 강하게 내비쳤다. 20명의 각료 가운데 11명이 일본회의, 7명이 신도정치연맹의 회원 출신이다. 아베 정권은 보란 듯이 천황제 이데올로기를 통한 21세기 일본의 새판 짜기에 성공한 것이다. 제4차 아베 정권(2018. 10.)은 "안정과 도전"이라는 슬로건을 앞세워 우익화 완성에 박차를 가하고 있다.

아베는 실제로 2006년부터 과거 요시다 쇼인이 꿈꾸었던 것과 같이 강한 군국적 일본을 되찾기 위해 천황제 이데올로기 강화와 야스쿠니 신사 참배 정례화를 추진하면서 동시에 역사를 수정하고 재해석하여 과거 침략 전쟁의 국가 이미지로부터 탈피하려고 애쓰고 있다. 그리하여 일본 제국주의의 침략성을 상징하는 전쟁 당시의 공장과 탄광 등을 세계문화유산으로 등재하면서 "침략의 역사"를 "역사 문화"로 바꾸는 데 성공하고 있다. 이런 문화유산 등록 운동은 시민들의 자발적인 캠페인에 의해 시작된 것이 아니라 아베의 일방적인 지시에 의해 실시되었다.[104] 이것이 바로 아베의 노골적인 강한 나라 만들기의 모습이다.

기독교계와 정치계에 보란 듯이 다시 등장한 천황제 이데올로기는 천황 절대화라는 일종의 병리적 형태의 열광주의적 신보수주의로서, 신제국주의를 꿈꾸는 천황교 원리주의자들에 의해 더욱 강화되고 있다. 따라서 일본에서의 복음 선교는 결단코 천황제와의 대결 없이는 불가능하다. 이런 의미에서 교회는 철저하게 정치적이 되어야 한다. 천황제 투쟁을 선교적 사정거리 안에서 확보하지 못한다면, 일본에서의 기독교는 언제까지나 "일본교 그리스도파"를 벗어날 수 없을 것이다.

교회는 역사의 현장에서 항상 성서로 직접 되돌아가 그것으로부터 새롭게 들음으로써 예수 그리스도의 사신(使信, κήρυγμα)으로서 방향키를 새로이 고정시키며, 그 방향에서 하나님과 사람이 나누는 교제가 되어야 한다.

---

104 "토미오카 제사장"과 "키누(비단)산업유산군"(富岡製糸場と絹産業遺産群)은 2014년 4월에 세계유산일람표에 등록되었다. 그러나 이것은 아베 내각이 주도적으로 실행한 것이다. 여기에는 역사를 다시 해석하여 군국주의적 침략 역사를 지우겠다는 그들의 의도가 숨어 있다. 그리고 "군함도"로 알려진 하시마(端島) 역시 세계문화유산으로 등록되었다. 아베는 강제징용과 강제노동의 역사적 현장이었던 이곳을 "산업유산정보센터"라는 세계적 문화지로 둔갑시키면서 지난 파시즘의 살인마적인 역사의 단면들을 제거하려고 온갖 힘을 쏟고 있다. 더욱이 그들은 천황제를 알리기 위해 닌토구(仁德) 천황묘를 세계문화유산으로 등록시키려고 한다. 이는 국민들로 하여금 천황제 이데올로기 국가로서의 자부심을 갖도록 만들려는 세뇌정책이라고 말할 수밖에 없다.

결어

지금까지 "천황제와 (일본) 기독교"라는 주제로 써 내려왔지만, 끝났다는 기분보다도 과제가 더해졌다는 무거운 마음이 든다. 상당히 비중 있는 본 주제는 필자가 호도스신학원의 "오클로스 강좌"와, "새물결아카데미" 강좌에서 발표했던 것이다. 19세기 중반에 날조된 "천황제 이데올로기"는 일본 국민을 하나로 묶는 국가의 기축으로 작동하면서 지금도 여전히 국가의 일체성과 전체성의 기초와 틀로서 자리를 차지하고 있다.

"비합리적인 신화를 필요로 하는 천황제"는 한갓 인간에 불과한 나루히토를 신격화하는 작업에 국비 24억 4천만 엔(단순 계산으로 한화 268억 원)을 사용했다. 이것은 일본 헌법 20조 "종교의 자유 보장 정교분리"에 위배된다. 그러나 이를 위헌으로 보는 일본 국민을 찾아보기란 쉽지 않다. 일본 헌법이 천황을 "상징"으로서 명시했다는 것이 "천황제 이데올로기"가 사라졌음을 의미하지는 않는다. "내면적 천황제"라는 용어가 말하듯이, 일본인들에게 천황이란 선천적이며 심정적인 우상으로서 깊은 내면에 못 박혀 있기 때문에 이를 아무도 제거할 수 없다. 일본을 구성하는 사회, 경제, 정치, 종교, 문화의 모든 분야에서 천황교적 신앙이 요구되지 않는 곳은 찾아보기 힘들다. 천황과 신민의 수직적 구조는 지금도 전쟁 전과 마찬가지다. 따라서 천황제 이데올로기는 끝없는 투쟁을 요구하는 일본의 고질적 질병이다.

"천황제 민주주의"는 철저한 현대판 "신분제도"다. 왜냐하면 태어나면서 귀족이 되어 천황을 세습하기 때문이다. "귀족이 있다면, 당연히 천민이 있다"는 생각은 무서운 발상이다. 그런데도 이것이 그들이 말하는 천황제 민주주의다. 사람은 태어나면서 평등하며 인권이 존중되어야 한다는 민주주의 원리는 일본에서 자리를 차지하지 못한다. 그들은 오히려 천황이라는 신적 존재 아래서 모두가 하나가 되어, 요시다 쇼인이 주창했듯이, 일군만민(一君万民)의 정신으로 얌전하게 국가에 충성하는 것이야말로 민주주의라고 생각한다. 일본인들은 일본이 천황 중심의 일본적 민주주의라는 사탕발림에 뇌경색을 일으켜 아무 생각 없이 따라가는 자들이 되어버렸다.

"천황제"는 당연하다는 듯이 우월주의적 침략 전쟁을 미화하는 체제 이데올로기다. 이런 체제하에서 일본인들은 현인신이 다스리는 나라는 지구상에 일본밖에 없기 때문에 일본이 가장 우월하며 문명적이라고 여긴다. 그렇기 때문에 일본은 이웃을 개화시키기 위한 침략적 구조를 당연히 가질 수밖에 없다. 1985년에 패전 이후 처음으로 나카소네 수상이 공식적으로 야스쿠니 신사 참배를 강행한 이후 고이즈미와 아베로 이어지면서 일본 정부의 야스쿠니 신사 참배는 정례화되어 사회적으로 상식화될 지경에 이르렀다. 이것은 군국주의에 대한 암묵적 승인이며 찬양이다. 실제로 작금에는 중국을 쓸어버리고 더 나아가 미국까지도 공격하자는 급진적이며 과격한 발언들까지 스멀스멀 기어나오고 있다. 적지 않은 사람들이 작금의 일본을 "전후(戰後)가 아니라 전전(戰前)"의 일본과 같다고 말한다. 구체적인 지시와 목적을 가진 정보가 지속적으로 매스컴을 통해 보도된다면 일본인들은 틀림없이 핸들러의 의향대로 세뇌되어갈 것이다. 실로 깨어서 경성하지 않으면 안 되는 지경에 이르렀다.

문제는 누가 골리앗 천황제에 맞서는 다윗의 역할을 하느냐다. 일본에서 기독교를 비롯한 종교는 윤리적·도덕적·종교적 기분을 강조한다. 기독교는 "일본인들이 받아들이기 쉬운 기독교"로 리폼 되어버렸다. 즉 일본에서는 십자가와 부활이 없는 다른 종교로 개조된 "일본교 그리스도파"가 득세하고 있는 것이다. 천황제에 삼켜진 "일본적 기독교"에 경도된 값싼 복음이 줄을 선다. 여기에 일본의 이웃 나라인 한국에서 값싼 선교 방식이 수입되어 한층 기름칠을 더해주는 것 같아 마음이 아프다. 천황제를 모르고 일본 선교를 논하는 것은 앙꼬 없는 찐빵 선교가 될 것임에 분명하다.

그렇기에 오히려 천황제와 유일하게 샅바를 잡고 겨룰 수 있는 것이 바로 교회다. 그런 교회는 값싼 복음의 선교 방식이 아니라 "미련한 것"(고전 1:18)을 고집하는 교회다. 한국교회가 일본 선교에 접근하고자 할 때, 이 일은 십자가의 도라는 "미련한 것"이 되어야 한다. 성공 지향적인 선교주의는 값싼 복음을 파는 약장수일 뿐이다. 그런 값싼 복음으로 그들은 잠시 "기독교 붐"을 경험했다. 그러나 이것은 전혀 힘이 없었다. 일본인들에게 천황제 이데올로기는 진리이자 이성이다. 이성적이기 때문에 현실적이다. 천황제가 가지는 종교적 이념은 자연과 개인에 대해 지배자가 되어 전체적인 윤리세계를 장악한다. 여기에 일본 교회도 함몰되어 있다. 이런 의미에서 일본 교회는 "신앙고백적 사태"(status confessionis)에 놓여 있다. 천황제로 형성된 민족적 정신과 국가적 질서는 현실적인 문제인 동시에 신앙적인 문제다. 따라서 교회의 선교는 성공 지향적인 선교가 되지 말

아야 하며, 약속성이 없는 지식을 단순히 전달하거나 감정 폭발 또는
자기 생각을 표명하는 놀이 굿판이 되어서도 안 된다. 참된 선교는
오로지 직접적이며 어떤 흔들림도 없는 하나님 나라와 그 은혜가 가
진 절대적인 "확실성"을 선포하는 것이다. 그 확실성은 이미 가진 것
이 아니라 성령에 의해 믿음 안에서 날마다 새롭게 주어지는 것이다.

참고문헌

C. H. Germany. 『近代日本のプロテスタント神学』. 日本基督教団出版局, 1982.

J. F. ノイロール. 『第3帝国の神話―ナチスムの精神史』. 未来社, 1963.

John Dower. *Embroacing Defeat: Japan in the Wake of World War II*. New York: W. W. Norton & Campany, 1999.

Karl Barth. *Letzte Zeugnisse*. Zurich: EVZ-Vertag, 1969.

_____. "Quouque tandem?" *Zwischen den Zeiten* 8, 1930.

_____. *Biblische Fragen, Einsichten und Ausblicke: Vortrag gehalten an der Aarauer Studenten-Konferenz*. 17. April 1920. München: Chr. Kaiser, 1920.

_____. *Der Christ in der Gesellschaft. Eine Tambacher Rede*. Bücher vom Kreuzweg. Folge 1. Würzburg: Patmos-Verlag, 1920.

La Fay Micheal. "ラフェイミッセル新渡戸稲造と内村鑑三の武士道", 『基督教学』. Hokkaido Society of Christian Studies, 2010, Vol 45, 30-39.

William P. Woodard. 『天皇と神道―GHQの宗教政策』. サイマル出版会, 1988.

김산덕. "일본기독교단이 대동아공영권의 기독교인에게 보내는 서한: 역사적 비판 I" 「개신논집」 11. 개신대학원대학교, 2011, 151-177.

김산덕. "일본기독교단이 대동아공영권의 기독교인에게 보내는 서한: 역사적 비판 II" 「개신논집」 12. 개신대학원대학교, 2012, 161-175.

오노시즈오. 김산덕 역. 『일본의 정신과 기독교』 상권. 하영인, 2019.

_____. 김산덕 역. 『일본의 정신과 기독교』 하권. 하영인, 2020 근간.

バルト神学受容史研究会(編). 『日本におけるカール・バルト』. 新教出版社, 2009.

一條英俊. "大東亜書翰と『バルト神学』" (上). 「福音と世界」 4월호(2005), 50-61.

_____. "大東亜書翰と『バルト神学』" (上). 「福音と世界」 5월호(2005), 40-56.

五十嵐喜和. 『日本キリスト教会50年史』. 一麦出版社, 2011.

井上毅. 『梧陰存稿』. 六合館, 1895.

伊藤博文. 『枢密院会議議事録 第1巻』. 東京大学出版社, 1984.

冨坂キリスト教センター(編). 『十五年戦争期の天皇制とキリスト教』. 新教出版社, 2007.

原田伊織. 『明治維新という過ち：日本を滅ぼした吉田松陰と長州テロリスト』. 講談社, 2017.

吉馴明子・伊藤彌彦・石井摩耶子 (編).『現人神から大衆天皇制へ』. 刀水書房, 2017.

呉尹台. "戦時下の韓国教会の苦難". 「福音と世界」5월호(1967), 18-29.

土肥昭夫.『日本プロテスタント教会の成立と展開』. 日本基督教団出版局, 1975.

_____.『歴史の証人』. 教文館, 2004.

塚田理.『天皇制下のキリスト教』. 新教出版社, 1981.

大山綱夫. "札幌バンドの性格をめぐって: 札幌におけるアメリカ・プロテスタンティ
        ズムの展開".『基督教学』. Hokkaido Society of Christian Studies, 1974, Vol 9.
        1-22.

大貫隆・名取四郎・宮本久雄・百瀬文晃(編).『岩波キリスト教辞典』. 岩波書店, 2002.

奥平康弘・愛敬浩二・青井未帆(編).『改憲の何か問題か』. 岩波書店, 2013.

子安宣邦.『國家と祭祀: 國家神道の現在』. 青土社, 2004.

宮島利光・山口陽一・辻浦信生・岩崎孝志・岩崎孝志 (著).『日本宣教の光と影』. いのち
        のことば社, 2004.

宮田光雄.『権威と服従』. 新教出版社, 2003.

寺園喜基. "日本におけるカール・バルト ―敗戦までの受容史の諸断面".『日本の神学』
        2017年 56 巻 160-164.

山口陽一・岩崎孝志・小野静雄・登家勝也・渡辺信夫 (著).『日本とキリスト教の衝突』.
        いのちのことば社, 2001.

山口陽一・渡辺信夫・登家勝也・柴田智悦・金芳植 (著).『日本的キリスト教を超えて』.
        いのちのことば社, 2016.

岩崎孝志・石黒イサク・久米三千雄・登家勝也・山口陽一 (著).『それでも主の民とし
        て』. いのちのことば社, 2007.

岩崎孝志・野寺博文・金山德・渡辺信夫 (著).『主の民か, 国の民か』. いのちのことば社,
        2006.

岩崎孝志.『日本近代史に見る教会の分岐点』. いのちのことば社, 2016.

床次竹二郎.『床次竹二郎伝』. 床次竹二郎伝記刊行会, 1939.

德富猪一郎(編).『公爵山県有朋伝』下巻. 山県有朋公記念事業会, 1969.

文部省編.『国体の本意』. 内閣印刷局, 1937.

新田均.『"現人神", "国家神道"という幻想』. 神社新報社, 2014.

日本基督教団.『教団時報』. 日本基督教団機関紙.

日本基督教団宣教研究所教団史料編集室.『日本基督教団史資料集』제2권. 日本基督教団出
        版局, 1998.

村山由美. "新資料にみる賀川豊彦の天皇観"「南山宗教文化研究所 研究所報」第26号,
        2016, 69-75.

松谷好明. "象徴天皇制と日本の将来の選択". 『聖学院大学総合研究所紀要』No.44. 49-67.

_____. 『キリスト者への問い』. 一麦出版社, 2018.

林尚之. "戦後改憲論と憲法革命" 『立命館大学人文科学研究所紀要』No.100.(2013. 3) 75-103.

桑原武夫(編). 『世界思想教養全集21: 現代キリスト教の思想』. 河出書房新社, 1963.

武田武長. 『世のために存在する教会』. 新教出版社, 1995.

深谷潤. "内村鑑三の「武士道に接木されたキリスト教」に関する間文化的哲学における一考察" 『西南学院大学人間科学論集』第10巻 第1号(2014. 8), 23-39.

渡辺信夫・安藤肇・山口陽一・岩崎孝志 (著). 『教会の戦争責任・戦後責任』. いのちのことば社, 2008.

石黒次夫. 『美濃ミッション・神社参拝拒否事件記録濃』復刻版. 美濃ミッション, 1992.

芦部信喜著・高橋和之(補訂). 『憲法(第6版)』. 岩波書店, 2015.

辻宣道. 『嵐の中の牧師たち』. 新教出版社, 1993.

都田恒太郎. 『日本キリスト教合同史稿』. 教文館, 1967.

雨宮栄一. 『ドイツ教会闘争の史的背景』. 日本キリスト教団出版局, 2013.

_____. 『ドイツ教会闘争の挫折』. 日本基督教団出版局, 2012.

高木博志. "近代天皇制と「史実と神話」" 「世界」2月(2020), 57-65.

http://kennjinoshosai.hatenadiary.jp/entry/2018/05/06/180845.

http://www.cty-net.ne.jp/~mmi/pdf/minojiken/pdf_minojiken.pdf.

http://www.mas-eng.com/nihon-ai/information.html.

https://ja.wikipedia.org/wiki/強制的同一化#cite_note-10.

https://ja.wikisource.org/wiki/神皇正統記.

https://repository.kulib.kyoto-u.ac.jp/dspace/bitstream/2433/74758/1/asia7kikukawa.pdf.

천황제와 일본 개신교

Copyright © 김산덕 **2020**

1쇄 발행 2020년 7월 13일

지은이	김산덕
펴낸이	김요한
펴낸곳	새물결플러스

편 집	왕희광 정인철 노재현 한바울 정혜인
	이형일 나유영 노동래 최호연
디자인	윤민주 황진주 박인미 이지윤
마케팅	박성민 이원혁
총 무	김명화 이성순
영 상	최정호 조용석 곽상원
아카데미	차상희

홈페이지	www.holywaveplus.com
이메일	hwpbooks@hwpbooks.com
출판등록	2008년 8월 21일 제2008-24호
주 소	(우) 04118 서울시 마포구 마포대로19길 33
전 화	02) 2652-3161
팩 스	02) 2652-3191

ISBN 979-11-6129-161-1 93230

책값은 뒤표지에 있습니다.

이 도서의 국립중앙도서관 출판예정도서목록(CIP)은 서지정보유통지원시스템 홈페이지(seoji.nl.go.kr)와 국가자료공동목록시스템(nl.go.kr/kolisnet)에서 이용하실 수 있습니다. CIP2020027583